Jayeeta Basu

Dificuldade em desmantelar o patriarcado da profissão de advogado

Jayeeta Basu

Dificuldade em desmantelar o patriarcado da profissão de advogado

Imprint

Any brand names and product names mentioned in this book are subject to trademark, brand or patent protection and are trademarks or registered trademarks of their respective holders. The use of brand names, product names, common names, trade names, product descriptions etc. even without a particular marking in this work is in no way to be construed to mean that such names may be regarded as unrestricted in respect of trademark and brand protection legislation and could thus be used by anyone.

Cover image: www.ingimage.com

This book is a translation from the original published under ISBN 978-620-2-06826-0.

Publisher:
Sciencia Scripts
is a trademark of
Dodo Books Indian Ocean Ltd. and OmniScriptum S.R.L publishing group

120 High Road, East Finchley, London, N2 9ED, United Kingdom
Str. Armeneasca 28/1, office 1, Chisinau MD-2012, Republic of Moldova, Europe
Printed at: see last page
ISBN: 978-620-7-95559-6

ÍNDICE DE CONTEÚDOS

INTRODUÇÃO

"Os juízes ficam chocados quando a mulher se levanta e argumenta. Dizem-me que tens ar de mulher e que podes fazer um trabalho melhor em casa   O direito é uma área totalmente dominada por homens". É a experiência de Diana Hamade, fundadora da International Advocates Legal Services no Dubai. (Kannan,2014) As experiências são mais ou menos semelhantes nas várias instalações dos tribunais em todo o mundo.

A profissão de advogado é atualmente uma profissão muito lucrativa em todo o mundo. Existe uma enorme fé associada a esta profissão, o que confere aos advogados um lugar diferente na sociedade. A crença é que, quando todas as outras coisas falham neste mundo, ainda se pode recorrer à profissão de advogado. As mulheres que exercem esta profissão não ocupam um lugar de destaque, mesmo quando a profissão é muito valorizada. As mulheres foram privadas de oportunidades para prosperar na sua carreira e, especificamente, nesta profissão. É verdade que a participação das mulheres está a aumentar, mas com o tempo são vítimas dos ciclos de preconceitos de género que se perpetuam e que levam ao declínio do número de mulheres advogadas na hierarquia da profissão. O relatório de 2009 da Associação Nacional das Mulheres Advogadas refere que as mulheres continuam a estar sub-representadas nos cargos de liderança da profissão de advogado.

ESTEREÓTIPOS DE GÉNERO

Os estereótipos de género são responsáveis pela ideia crescente de que as mulheres que exercem uma profissão são menos concentradas, mesmo que consigam regressar ao trabalho a tempo inteiro depois de terem desempenhado os papéis de mãe e de nora. Este facto afasta convenientemente a mulher da sua carreira e obriga-a a sacrificar obrigatoriamente os seus papéis profissionais. "Eu trabalho sete dias por semana e o meu marido está a fazer o doutoramento", conta. "As pessoas perguntam-me quem toma conta das crianças quando estou no tribunal, perguntam-me quantos dias por semana trabalho e perguntam-lhe: "Como é que consegues? És tão espantoso! Consegues cozinhar um bolo e tomar conta de crianças!" Esta narrativa é de Kate Jenkins, que é a comissária para o sexo na Austrália, citada na *edição de junho de 2017* do *The Guardian*. Esta narrativa em particular mostra como a sociedade generaliza e defende que o domínio privado é exclusivamente para as mulheres. Assim, sempre que os homens se dedicam a essas actividades para sustentar a família, parecem fazer algo de extraordinário, mas a mesma apreciação não é dada a uma mulher que exerce uma profissão, mesmo que ela tenha sucesso na sua carreira ou cumpra o dever completo de uma mãe ou esposa ideal. Muitas vezes, considera-se que essas são as tarefas atribuídas às mulheres e a responsabilidade acrescida que uma mulher escolhe quando decide desenvolver a sua carreira. Por isso, ela é sempre subvalorizada. Em muitos casos, os estereótipos negativos forçaram as mulheres a aceitar, justificadamente, o duplo fardo que lhes é imposto, um em casa e outro no local de trabalho.

A discrepância está enraizada no próprio sistema da prática judicial. Apesar de as leis existentes no país favorecerem as mulheres, as advogadas que exercem esta profissão estão continuamente a lutar para se afirmarem. Assim, o que é espantoso nesta profissão é o facto de as próprias mulheres advogadas não se poderem proteger de várias formas, quando as leis visam salvaguardar os direitos de todas as mulheres do país. Os problemas de sobre-avaliação são uma caraterística típica observada no estudo, em que as mulheres, apesar do seu potencial, são obrigadas a estar sob pressão para provarem repetidamente o seu valor. Isto deve-se apenas ao facto de as ideias generalizadas sobre as obrigações conjugais e o nascimento de filhos serem vistas como atributos negativos na carreira das mulheres. Neste contexto, é de salientar a rigidez dos advogados masculinos em incorporar as mulheres advogadas na sua plataforma de networking. O vínculo patriarcal está profundamente enraizado na estruturação da profissão jurídica, actuando frequentemente como um grande obstáculo ao crescimento das mulheres advogadas na sua profissão.

Os estereótipos de género são a causa do teto de vidro. Se uma mulher não consegue desenvolver as suas capacidades profissionais, isso deve-se frequentemente ao facto de a carga de trabalho doméstico recair sobre as mulheres. Mais uma vez, esta discriminação é reforçada, uma vez que é considerada a causa de as mulheres não poderem dedicar tempo e esforço aos seus locais de trabalho. Este facto é frequentemente utilizado como desculpa para privar as mulheres dos escalões superiores dos vários cargos. Por conseguinte, uma mulher é duplamente discriminada, tanto na esfera pública como na privada. Na esfera privada, ela não consegue corresponder às expectativas das exigências domésticas. Assim, são as atitudes culturais e sociais que tornam os empregos "masculinos" ou "femininos" e é a desigualdade de género na educação e na formação que encaminha as mulheres para diferentes profissões. Isto refere-se à segregação profissional horizontal, mas quando as mulheres começam a experimentar exclusivamente a segregação profissional vertical, torna-se uma preocupação sob o nome de teto de vidro.

As feministas reconheceram que o teto de vidro é um problema que prevalece sob várias formas e com várias intensidades nos vários países. Os factores legais, religiosos e económicos são particularmente discriminatórios em relação às mulheres e as oportunidades são partilhadas de forma desigual desde a base, pelo que a questão do teto de vidro não se coloca em muitos dos países em desenvolvimento como a Índia. Ainda assim, a luta de um número reduzido de mulheres é persistente para conquistar o seu lugar no topo, o que pode certamente fazer a diferença. Por conseguinte, o número de mulheres no mundo profissional está a aumentar. Muitas vezes, as mulheres têm de trabalhar mais do que os homens para obterem o mesmo reconhecimento. A razão subjacente a este facto é a pressão social e o dever familiar que recai sobre as mulheres. No entanto, os incidentes de quebra do teto de vidro são notícia nos jornais. É um debate popular atualmente, mas não sob a forma de estudos sistemáticos. Este problema do teto de vidro só pode ser resolvido com uma maior sensibilização e capacitação das mulheres líderes de amanhã.

SOBRE O ESTUDO

Este estudo centra-se nas mulheres advogadas que trabalham no Supremo Tribunal de Calcutá. O estudo está a tentar localizar as razões da ausência das mulheres, apesar de terem origem na mesma plataforma que os seus colegas do sexo masculino. Isto é pertinente porque, tal como em todo o mundo, a percentagem de mulheres advogadas que estudam direito na Índia está a aumentar em todo o país. Várias fontes confirmam que se regista um aumento da taxa de opção pelo emprego em grandes e pequenas sociedades de advogados após a conclusão dos cursos de Direito. Esta tendência é notória por várias razões, nomeadamente o facto de o estabelecimento financeiro de um advogado ser moroso nos primeiros anos, o que constitui uma dificuldade para as mulheres.

As lutas pela independência das mulheres foram sempre desafiadas pelas normas sociais. Os papéis de género prescritos modulam subtilmente a vida das mulheres, quer trabalhem na esfera pública ou privada. O trabalho fora das suas tarefas domésticas é um dever acrescido para a mulher em geral. O estudo mostra que, numa profissão tipicamente dominada pelos homens, as mulheres advogadas estão a incorporar-se gradualmente no Conselho da Ordem dos Advogados da Índia, com um número cada vez maior de advogados. Os ajustamentos de papéis que as mulheres estão a fazer são dignos de nota.

Este estudo revela como as mulheres advogadas continuam a enfrentar a discriminação subtil no seu campo de trabalho e a contestá-la regularmente. Isto ajuda-as a progredir. A preocupação é o teto de vidro que existe na profissão e a forma como as advogadas responsabilizam frequentemente a sociedade e, por vezes, elas próprias, pela interrupção de carreira que fazem e pela dupla pressão que enfrentam todos os dias. Mesmo que consigam encontrar um equilíbrio entre os dois, são excluídas pelos seus colegas homens em várias ocasiões. Os clientes chegam mesmo a lançar-lhes um olhar dúbio sobre o seu desempenho.

A existência de tectos de vidro é um fenómeno conhecido nos estudos de género e, em especial, na profissão de advogado. O apelo à mudança surge com a fenda no teto de vidro. A exclusividade masculina foi posta em causa pelas primeiras mulheres advogadas na profissão jurídica há décadas. Em vários inquéritos, as mulheres admitiram que a sua posição estratégica está a mudar, mas continuam a ser vistas de forma duvidosa quanto às suas potencialidades. O preconceito de género é discriminatório para o trabalhador. Afecta as suas potencialidades, desmoraliza-o e, em vários casos, põe em causa a lealdade da empresa. Os preconceitos de género afectam o nível de produtividade. As opiniões estereotipadas sobre as capacidades das mulheres afectam também a rotatividade anual. Estudos demonstraram que duas em cada três mulheres advogadas concordam que não são consideradas iguais aos seus pares masculinos. Confirmam também que 37% dos inquiridos mudaram de carreira devido a preconceitos negativos. É pertinente mencionar aqui que um estudo recente refere que 38% das mulheres advogadas concordaram que nunca foram consideradas iguais aos seus colegas homens. O receio de as denunciar é sempre mais fácil com os incidentes de assédio sexual, o que faz com que os tutores resistam a deixar as suas filhas e outras entrarem na profissão. [1]

A este respeito, quando a discriminação é feita com base no género na profissão de advogado, é importante citar: "discriminação contra as mulheres? - Não há: não há mulher"[2]. Isto afirma que a discriminação é uma realidade neste domínio da profissão e é referida no caso de Whales e Inglaterra. Estas observações eram frequentes para as advogadas e o cenário desafiava-as frequentemente nos seus primeiros anos de prática a solo.

A ideia do teto de vidro surgiu em 1986 no artigo do "Wall Street Journal" intitulado "Corporate Women". A preocupação prende-se com o facto de as mulheres serem discriminadas, apesar das suas potencialidades, nas posições de topo do seu local de trabalho ou de qualquer órgão de decisão, devido à falsa impressão de que as mulheres são líderes ineficazes devido a um estilo estereotipado de interação "gentil" com as pessoas, que é frequentemente considerado inadequado para as posições de liderança. Embora a proporção de mulheres em cargos de gestão de nível inferior e intermédio tenha aumentado drasticamente, a subida das mulheres aos cargos de topo continua a ser limitada. As estatísticas e a legislação demonstraram que a discriminação com base no género é menor do que em épocas anteriores. Por conseguinte, o foco da investigação e de várias documentações deixou de ser a razão pela qual as mulheres não são contratadas e passou a ser a forma de discriminação que impede as mulheres de serem promovidas aos escalões superiores das várias organizações. O teto de vidro aborda o problema da existência de uma linha ténue de demarcação entre os que prosperam e os que são deixados para trás na linha do sucesso. Com a evolução da composição da força de trabalho, criou-se uma preocupação com as experiências de opressão e de teto de vidro, especificamente para as mulheres. As mulheres deparam-se com uma dicotomia em que se confrontam com as pressões cruzadas no seu papel de liderança. Isto deve-se ao facto de se esperar que os líderes sejam masculinos e duros mas, enquanto mulheres, não devem ser "demasiado másculas" (Colton, Daly e Shruwager 2011). Por conseguinte, uma das principais preocupações das feministas é centrar-se no impacto do novo problema do teto de vidro na crescente diversidade da composição da força de trabalho.

ANOS INICIAIS DE PRÁTICA E SOBRE-AVALIAÇÃO DAS ADVOGADAS PELOS SEUS SUPERIORES E COLEGAS

Os desafios que as mulheres advogadas enfrentavam há 25-30 anos atrás já não são tão complicados como eram. Continuam a enfrentar problemas baseados no género, mas de forma subtil. As formas subtis de vitimização infiltram-se silenciosamente no caminho do sucesso de muitas mulheres advogadas. As advogadas, especialmente as mais jovens, são sempre comparadas com os seus homólogos masculinos com mais frequência. Isto afecta as suas potencialidades, uma vez que estão sob vigilância severa devido ao seu género. As jovens advogadas começam hoje com uma nova perceção de igualdade, mas são alvo de preconceitos por parte dos seus colegas mais velhos, que são maioritariamente homens na profissão. Várias conclusões revelam que existe um fosso persistente entre os géneros na profissão de advogado, apesar de as mulheres advogadas terem cada vez mais acesso à profissão. No estudo realizado, foi interessante localizar a discriminação subtil existente na profissão de advogado, que muitos dos inquiridos não queriam aceitar, mesmo quando havia casos aparentes de fechamento social para muitas mulheres advogadas. A razão para tal era o facto de terem de trabalhar com os homens.

É extremamente gratificante ser chefe de si próprio e é isso que as mulheres advogadas podem fazer quando se ocupam de casos de família com direito de família. Ward disse que estava farta de esperar por um homem para tratar de um assunto em qualquer outra área de prática. Considera que, embora haja mais advogados do sexo masculino nas salas de audiências, nos tribunais de família ficou satisfeita por encontrar várias mulheres advogadas, em número muito superior ao de outros tribunais. Considera que as mulheres mais velhas são melhores mentoras e dão uma orientação adequada. Salienta que as mulheres podem ser bem sucedidas na competição com os seus colegas masculinos se apenas se apoiarem a si próprias. Assim, pode analisar-se que, embora se registe uma melhoria no número de mulheres na profissão jurídica, estas tendem a trabalhar como subordinadas dos homens na maioria dos casos. É muitas vezes devido às barreiras estruturais que as mulheres se deparam com o "teto de vidro" ou com a "fuga de água". Os estereótipos de género no local de trabalho estigmatizam as mulheres como sendo menos ambiciosas, o que abre novas oportunidades e caminhos aos homens. Limita o seu espaço para mostrarem as suas capacidades e competências pessoais.

Estes estereótipos de género que resistem ao reconhecimento das potencialidades das mulheres advogadas são uma construção social antiga. Neste contexto, Fay menciona Mossman, que afirma que as ideias reformistas sobre a profissão jurídica de elite são relutantes em aceitar a entrada formal das mulheres nas faculdades de Direito. Fay acredita que o ensino jurídico de elite e a sua ligação aos escritórios de advogados são fortemente influenciados pelo domínio branco, protestante e masculino.(Fay,2007,pp401) Este preconceito deixa muitas vezes os pais apreensivos em relação à entrada das filhas na profissão jurídica e continuam a impedir que as suas filhas estudem e exerçam a profissão. É mais difícil quando as advogadas que ultrapassam esta fase de luta entram na profissão quando são jovens e estão a começar a trabalhar, mas depois há outra luta à sua espera. É a luta contra o mesmo preconceito secular que a generaliza quanto às suas potencialidades sem sequer a avaliar em muitos casos. Assim, mesmo quando as mulheres foram admitidas nas faculdades de Direito, não lhes foi dado o mesmo privilégio que aos seus colegas masculinos, quer nas salas de aula, quer mais tarde na profissão.

Vários estudos indicam que os primeiros anos da profissão de advogada são mais difíceis para as mulheres. Há alguns casos de sobreavaliação e de luta para as advogadas, embora isso diminua com a sua experiência. Muitas advogadas afirmaram ter abandonado a profissão devido à barreira cultural típica e às presunções de muitos colegas homens que não as querem incluir na profissão. Esta situação afecta a moral das mulheres advogadas. Isto afecta os cinco anos iniciais, que são cruciais para a sua sobrevivência na profissão. Este estudo incide sobre as advogadas com mais de 10 anos de antiguidade na profissão. São elas que conquistaram um lugar na profissão, mas que, comparativamente, ganham menos do que os seus homólogos masculinos contemporâneos. A preocupação é, portanto, identificar a razão do seu crescimento limitado na profissão, mesmo quando têm as mesmas qualificações que os seus colegas do sexo masculino.

Mathur cita a juíza Ranjana Desai: "Uma mulher tem de trabalhar mais para provar o seu valor". A profissão de advogada sofre frequentemente o revés para as mulheres ou, para ser mais correto, as mulheres advogadas têm sofrido devido à sociedade e aos preconceitos das mulheres contra a profissão. No cenário atual, o contexto pode ter-se alterado ou modificado para as mulheres, mas a discriminação extremista tomou a cobertura do teto de vidro de uma forma diferente. Em muitos casos, os pais que exercem a profissão não querem que as suas filhas enfrentem tais problemas e continuam cépticos quanto às suas capacidades e potencialidades. Por isso, as mulheres advogadas continuam a ter dificuldade em sair de casa e exercer a sua profissão. É o primeiro obstáculo que as mulheres têm de transpor e, infelizmente, em muitos casos, as suas famílias são frequentemente as primeiras na ordem. O cenário para as mulheres que desejavam exercer a profissão de advogada não era fácil em todo o mundo. Os surhas e os Jirgas locais[1] no Afeganistão estabeleceram um código de conduta consuetudinário para as mulheres. Muitas vezes, este código não fazia justiça às mulheres. Este facto afecta a população de mulheres advogadas no terreno. São muito poucas as mulheres que trabalham como litigantes, procuradoras ou juízas. Este facto limita a possibilidade de as mulheres comuns procurarem justiça. Os relatórios referem que não existem tribunais de família no Afeganistão, onde as mulheres são mais frequentes. Estes tribunais foram extintos pelos Talibãs após o governo de Najibullah, entre 1986 e 1992.

Em muitos casos, os homens advogados desencorajam as suas filhas ou outras mulheres advogadas porque as "contratações afirmativas[2] " não lhes são desconhecidas. O preconceito põe em causa as capacidades das mulheres na profissão de advogada e, por isso, os clientes questionam ou suspeitam das suas capacidades desde sempre. Isto tem um impacto na seleção de carreiras para as advogadas competentes e aspirantes a

---

1 Mecanismos de justiça local comuns no Afeganistão,Nojumi,et al,2010,pp97
2 A palavra refere-se à seleção preferencial das mulheres advogadas, o que, em muitos casos, diminui as suas potencialidades

advogadas. O estudo centra-se em advogadas seniores que já exercem a profissão há pelo menos dez anos, pelo que as suas experiências mostram a sua luta na escolha da carreira, o que pode ser um cenário um pouco diferente para as novas estudantes de Direito, que não foi abrangido pelos dados recolhidos para este estudo específico.

Inicialmente, o facto conhecido em relação às mulheres advogadas era que não lhes era permitido entrar na profissão jurídica. Apesar de, após 1919, ter sido aprovada a lei anti-discriminação (Removal), esta não incluía as mulheres advogadas na profissão. A sua prática era autorizada, apesar de terem ocorrido alguns raros casos de distração em que as mulheres advogadas conseguiram entrar nas instalações dos tribunais, já em 1920, na Escócia. Mais tarde, com o passar do tempo, a sua presença foi restringida às salas de audiências, que se limitavam aos processos matrimoniais, de direito da família e de sucessões. Entre os anos 60 e 2006, o número de mulheres solicitadoras aumentou, mas a um ritmo reduzido. É verdade que as mulheres na profissão jurídica têm lutado muito para se estabelecerem em número na profissão e, para isso, a primeira tentativa é aumentar o seu número, o que as advogadas estão a fazer. Automaticamente, isto torna muitos pais de raparigas cépticos em relação à carreira na profissão de advogado. As mulheres solicitadoras presentes na cidade são inerentes às suas empresas, em muitos casos desde as suas gerações anteriores, mas não são as fundadoras das empresas atualmente. Estão a gerir as suas empresas de forma eficiente, mas não as estão a formar, enquanto os solicitadores masculinos estão em ascensão.

É extremamente gratificante ser chefe de si próprio e é isso que as mulheres advogadas podem fazer quando aceitam casos de família com direito de família. Ward disse que estava farta de esperar por um homem para tratar de um assunto em qualquer outra área de prática. Considera que, embora haja mais advogados do sexo masculino nas salas de audiências, nos tribunais de família ficou satisfeita por encontrar várias mulheres advogadas, em número muito superior ao de outros tribunais. Considera que as mulheres mais velhas são melhores mentoras e dão uma orientação adequada. Salienta que as mulheres podem competir com os seus colegas do sexo masculino se se apoiarem a si próprias. Assim, pode analisar-se que, embora se registe uma melhoria no número de mulheres na profissão jurídica, estas tendem a trabalhar como subordinadas dos homens na maioria dos casos. É muitas vezes devido às barreiras estruturais que as mulheres se deparam com o "teto de vidro" ou com a "fuga de água". Os estereótipos de género no local de trabalho estigmatizam as mulheres como sendo menos ambiciosas, o que abre novas oportunidades e caminhos aos homens. Limita o seu espaço para mostrarem as suas capacidades e competências pessoais.

Estes estereótipos de género que resistem a reconhecer as potencialidades das mulheres advogadas são uma construção social antiga. Neste contexto, Fay menciona Mossman, que afirma que as ideias reformistas sobre a profissão jurídica de elite são relutantes em aceitar a entrada formal das mulheres nas faculdades de Direito. Fay acredita que o ensino jurídico de elite e a sua ligação aos escritórios de advogados são fortemente influenciados pelo domínio branco, protestante e masculino.(Fay,2007,pp401) Este preconceito deixa muitas vezes os pais apreensivos em relação à entrada das filhas na profissão jurídica e continuam a impedir que as suas filhas estudem e exerçam a profissão. É mais difícil quando as advogadas que ultrapassam esta fase de luta entram na profissão, pois são jovens e estão a começar a trabalhar, mas espera-lhes outra luta. É a luta contra o mesmo preconceito secular que a generaliza quanto às suas potencialidades sem sequer a avaliar em muitos casos. Assim, mesmo quando as mulheres entraram para as faculdades de Direito, não lhes foi dado o mesmo privilégio que aos seus colegas do sexo masculino, quer nas salas de aula, quer mais tarde na profissão.

É muito pertinente referir que o desgaste é uma perda dispendiosa para as sociedades de advogados. Isto deve-se ao facto de o esforço ou a formação que os jovens advogados recebem ser desperdiçado no momento em que abandonam a profissão. O investimento individual das advogadas também é grande. É muitas vezes prejudicial para as mulheres ter uma rotatividade no emprego. As advogadas que decidem abandonar a sua prática privada têm muitas vezes dificuldade em regressar a ela. Isto conduz automaticamente a desigualdades de género.

A prática privada não é geralmente uma tarefa muito fácil para as mulheres advogadas, como as estatísticas sublinham. Vários estudos mostram que, em comparação com o número de mulheres advogadas que se inscrevem na profissão, o número de mulheres que sobrevivem na profissão é apenas metade ao fim de alguns anos. Este estudo, realizado a partir de fontes primárias e de outras fontes secundárias, revelou repetidamente que as crises familiares e as dificuldades que enfrentam depois de terem filhos são uma realidade comum a todas as mulheres advogadas. As advogadas de hoje aprenderam a conciliar a família, o casamento e as suas carreiras gratificantes. Nalguns casos, isso coloca-as perante conflitos de papéis. Afirmou-se que "o ciclo de trabalho do advogado típico é incompatível com a vida de todas as mulheres, que é a fertilidade, o nascimento e a criação dos filhos"[3]. Como refere Epstein em 1993, é importante localizar a razão da ausência de encontros subtis com o teto de vidro. Mencionou que, mesmo depois de as mulheres terem sido autorizadas a exercer e a estudar direito, a reserva de quotas limitou a entrada das advogadas em cargos importantes, onde os homens da profissão continuam a tomar decisões. Não é que as mulheres tenham sido exclusivamente excluídas, mas tentou-se manter uma espécie de homogeneidade entre os litigantes. Por essa razão, como os homens controlavam os lugares de decisão nos escritórios de advogados, preferiam que fossem apenas os homens a ocupar o mesmo lugar, pelo que as potencialidades das mulheres eram questionadas, desacreditadas ou não aceites. Ela luta sempre para provar o seu valor na profissão e também em casa. Numa entrevista, um estudo mencionou que uma professora de uma faculdade de direito afirmou que os filhos afectam certamente a sua escolha profissional. Foi citado que "as caraterísticas femininas são prejudiciais"[4]. As caraterísticas femininas podem ser positivas para a ascensão na carreira, como o facto de serem boas ouvintes, terem menos ego e outras, mas essas mesmas caraterísticas são indesejáveis no caso das advogadas. Há vários casos em que as mulheres foram impedidas de entrar na profissão e em que as mulheres lutaram efetivamente para conquistar o seu lugar na profissão. É devido à organização familiar que restringe a entrada das mulheres na profissão. A solução para as mulheres advogadas, quando entram na profissão jurídica, é descartar os traços femininos. As mulheres são consideradas pouco adequadas à imagem estereotipada de um advogado com caraterísticas de agressividade e argumentação, que são frequentemente condenadas nas mulheres. Estas caraterísticas são frequentemente condenadas nas mulheres.

É preocupante constatar que as mulheres estão a abandonar os estudos a um ritmo alarmante, depois de, nas últimas décadas, se ter registado um número quase igual de mulheres e de homens a licenciarem-se em Direito. A preocupação é que, quando as mulheres estão a competir em pé de igualdade para obter o diploma, isso implica que são igualmente competentes como os homens que também obtiveram o diploma. Assim, a crise das mulheres não pode ser generalizada ou tratada como um problema comum a todos. É apenas porque o problema do teto de vidro ou da desigualdade de remuneração é uma possibilidade apenas para as mulheres com formação académica. É verdade que também há homens ineficazes, incompetentes e sem formação, mas as experiências de rejeição, reavaliação ou sobreavaliação não são semelhantes às que as mulheres experimentam quando entram no mercado de trabalho. A luta começa imediatamente com a entrada das mulheres na profissão jurídica. Tentou-se que sucumbissem a várias inibições e elas esforçaram-se por ultrapassá-las.

Não é sempre que a sua fraca representação no capital, nas parcerias ou na magistratura em muitos cantos do mundo sugere que não estão no mercado de trabalho. As estatísticas recentes revelam a sua existência nos escalões inferiores da profissão.

Um estudo realizado pela American Bar Association mostrou no seu inquérito que 43% das mulheres de cor e 51% das outras mulheres brancas se queixavam da falta de relações com os outros advogados e clientes, enquanto apenas 3% dos homens brancos se queixavam do mesmo[5]. É notório que as mulheres advogadas se ocupam frequentemente de casos grosseiros e pouco interessantes, apenas para sobreviverem na profissão.

Num inquérito realizado em Massachusetts, 72% das mulheres concordaram que o seu empenho no trabalho era posto em causa com a gravidez ou o nascimento de um filho, enquanto os homens, ao contrário das mulheres, eram os que menos se demitiam dos projectos por obrigações familiares.

Estudos têm afirmado repetidamente que as mulheres advogadas têm tendência para abandonar os seus empregos nos escritórios de advogados ou a sua prática jurídica nos primeiros cinco anos de prática ou de contratação. A discriminação em razão do género é fortemente prevalecente nas suas remunerações. Recebem salários mais baixos em todos os níveis de promoção. Este facto foi confirmado por um inquérito realizado pela NAWL (National Association of the Women's Lawyers) em 2005.

Neste contexto, tenciono localizar, através das narrativas das mulheres advogadas, como e de que forma a causa da discriminação está enraizada nas suas casas.

Narrador nº 45: O meu pai estava nesta profissão, mas não tive qualquer ajuda dele. Para ele, não era um bom sítio para as mulheres.

Esta apreensão entre os pais que exercem a mesma profissão não se desenvolveu numa só geração e num só país ou contexto. É um facto que tem um pano de fundo.

Outra narrativa mostra como a escolha do consultor sénior foi sempre limitada aos meus inquiridos.

O narrador n.º 45 diz: Não há praticamente nenhuma advogada sénior. E os conselheiros seniores masculinos não nos querem aceitar.

O narrador nº 12 diz ainda: Ele é meu familiar. Toda a gente achava que eu estaria a salvo, mas as pessoas preocupavam-se comigo em casa.

Os estereótipos antigos exageram as diferenças entre homens e mulheres. Além disso, definem as mulheres como mais inaptas e inadequadas para o trabalho mais elevado e dão demasiada importância ao clima hostil no ambiente de trabalho.

Neste contexto, a narrativa das entrevistadas mostra como todas elas sofreram nos primeiros anos da sua prática. Queixam-se de que os seus anos de gestação são mais longos do que os dos seus colegas homens.

Um estudo demonstrou que as mulheres nunca dispõem de uma "rede de raparigas idosas" equivalente à dos homens. Este facto mantém-nas desprovidas de apoio na rede de contactos durante a progressão das suas aspirações profissionais. Com apenas algumas mulheres advogadas nos níveis superiores, as advogadas mais jovens encontram menos mulheres seniores como modelos a seguir. Os estudos sugerem que há mais homens do que mulheres a quererem permanecer nesta profissão a tempo inteiro. Neste contexto, é importante referir que as mulheres advogadas enfrentam sempre um espaço limitado para desenvolverem as suas potencialidades, em comparação com os seus homólogos masculinos. Este estereótipo emerge das suas próprias famílias, onde a sua entrada na profissão enfrentou frequentemente desafios. Os dados recolhidos para este estudo reafirmam este facto e os inquiridos enfrentaram problemas para entrar e depois sobreviver nesta profissão. Esta situação torna-se ainda mais grave quando são obrigados a fazer trabalhos tipicamente "fáceis" e de grande esforço em todas as tarefas menos exigentes. As oportunidades de orientação adequada também são limitadas para as mulheres advogadas. Recentemente, a American Bar Association descobriu que 55% das mulheres brancas se queixavam do acesso limitado a oportunidades de angariação de clientes, ao passo que os homens se queixavam apenas de 3% desta restrição[6].

Com a maternidade, uma mulher advogada é subtilmente forçada a aprender a fazer malabarismos com os múltiplos papéis que é suposto equilibrar. Foi interessante constatar que o Law Council of Australia assinalou que as mulheres que exercem a profissão aderiram ao "clube dos homens"[6]. O relatório justifica de forma elaborada o facto de metade das mulheres advogadas terem sido discriminadas com base no sexo, contra 10% dos homens. A forma mais comum de discriminação é sempre a família e as responsabilidades profissionais que se pensa não poderem ser ignoradas. Vários estudos indicam que não é invulgar encontrar mulheres advogadas que admitiram ter sido vítimas de avanços indesejados, com comodismo[3]. Esta generalização afecta a vida das advogadas, tendo os estudos demonstrado que as mulheres tendem a perder quatro dias de escola por mês.

Durante as décadas de 1920 e 1930, existiam várias restrições à entrada das mulheres advogadas na profissão. A Segunda Guerra Mundial criou uma enorme escassez de advogados, mesmo quando se afirmava que várias sociedades de advogados exigiam

---

3 Refere-se ao processo pelo qual os bens com valor económico que se distinguem em termos de atributos (singularidade, etc.) acabam por se tornar simples mercadorias aos olhos do mercado ou dos consumidores. Este facto tem sido referido como o aumento da escolha entre os consumidores

um membro do sexo masculino [7]. Nessa altura, as mulheres advogadas colmataram essa falta. Há casos em que as visões estereotipadas de género levam os supervisores, em muitos casos, a envolverem-se em práticas ilegais para excluir um candidato da promoção devido ao género. Isto deve-se muitas vezes ao ressentimento antigo em relação às mulheres, que as considera incapazes de resolver qualquer problema com a força, ou à convicção geral de que os homens são mais poderosos do que as mulheres.

O narrador n.º 43 disse: "É frequente generalizar-se que não temos tempo. Isso é incorreto. Eu posso conseguir, mas a minha colega pode não conseguir. Se se casar e tiver filhos, talvez não tenha. Mas eu não casei. Isso significa que não vou ter uma família? Mas posso certamente trabalhar mais do que as minhas colegas, mas continuo a ouvir dizer que não vou conseguir". Desta narrativa, conclui-se que se espera sempre que uma mulher siga uma norma da sociedade e que, por isso, seja direta ou indiretamente discriminada. De acordo com o estudo, a falta de um elemento de comparação no que respeita à igualdade de circunstâncias, embora o ponto de vista hipotético seja o mesmo. A mulher precisa sempre de ser avaliada em comparação com um "homem" e depois com um "enquanto homem". Consequentemente, o efeito resultante é o fosso salarial entre homens e mulheres, o assédio sexual e o teto de vidro nos casos mais comuns.

As várias fontes justificam a existência subtil de discriminação com base no género na profissão de advogado. Verificou-se frequentemente que os papéis específicos de cada género e as expectativas que lhes estão associadas fazem com que a discriminação com base no género seja mais sentida. Para compreender de que forma a discriminação é socialmente construída e quase afasta as mulheres da profissão, é necessário localizar como começa nas suas próprias famílias.

Neste contexto, a narrativa das entrevistadas mostra como todas elas sofreram nos primeiros anos da sua prática. Queixam-se de que os seus anos de gestação são mais longos do que os dos seus colegas homens.

A narradora n.º 12 disse: "Não consegui encontrar um advogado sénior que me ensinasse e me desse matérias. Sei que há muitos advogados de renome no Supremo

Tribunal de Calcutá que ainda não aceitam mulheres juniores. É muito difícil começar uma atividade individual".

Narrador n.º 44: "Não ajudou, mesmo quando o meu pai é da mesma profissão. Ele estava tão relutante em orientar-me. Preocupava-se mais com a forma como eu chegava ao tribunal, com quem falava e como me vestia, do que em ensinar-me a tratar dos casos. Dizia sempre que tinha uma reputação, mas isso nunca aconteceu com o meu irmão. Tudo o que consegui alcançar com a profissão, fi-lo sozinha. Alguns dos meus colegas homens ajudaram-me. Não é sempre que todos os homens são maus para nós. Hoje, o meu pai discute os assuntos comigo. Não me posso esquecer disso". Todas estas narrativas indicam que o legado cultural específico e as expectativas da sociedade não permitem que as mulheres subam na escada do poder na profissão. Há leis que proíbem todo o tipo de discriminação

"Mc Glynn salienta que a teoria do capital humano é uma máscara para a discriminação. O potencial para a maternidade é inerente às mulheres enquanto classe e, por conseguinte, existe sempre o potencial para um empenhamento reduzido aos olhos da profissão"[8]. Isto sugere que se generalizou a ideia de que as mulheres têm menos empenho, o que leva a que as mulheres advogadas tenham menos possibilidades de progressão e sejam consideradas como tendo um baixo nível de capital humano[4].

Isto mostra como as advogadas enfrentaram a discriminação por parte das suas famílias e depois por parte de outros seniores do sexo masculino. A luta é evidente em todo o estudo. Mais uma vez, alguns dos colegas homens também as ajudam a ter sucesso. Por isso, continua a ser importante e comum garantir o apoio de um homem nas instalações do tribunal para facilitar a sua prática, e só uma das 44 advogadas tinha ou tem um superior masculino.

Nesta restrição para encontrar uma juíza no Supremo Tribunal de Calcutá, o narrador n.º 46 disse: "As famílias não permitem que a maior parte das pessoas exerça a sua atividade sob a orientação de um homem sénior e quase não há mulheres advogadas

---

4 As competências, os conhecimentos e a experiência de um indivíduo ou de uma população são considerados como o seu valor ou custo para uma organização ou país.

sénior, pelo menos no Supremo Tribunal de Calcutá. Por isso, não há muitas opções para a nomeação de juízas". Assim, as famílias são muitas vezes responsáveis pelo baixo número de juízes.

Assim, pode dizer-se que os registos mostram que as mulheres não conseguem, de forma desproporcionada, atingir posições elevadas no seu local de trabalho. Isto implica que as mulheres não estão disponíveis em grande número nos cargos de alto nível, mesmo quando estão em grande número na hierarquia inferior. Karsten observa que, para qualificar uma promoção, os membros do conselho de administração, maioritariamente composto por homens seniores, não permitem que as mulheres que não são "feministas" sejam promovidas, mas sim "um dos rapazes". Refere-se ao facto de que só se as mulheres capazes se tornarem como os homens em todas as suas práticas e derem mais tempo como os homens é que entram na lista de preferências do conselho de administração.

Por vezes, os empregadores esperam que as suas empregadas cuidem dos seus filhos e as questões difíceis são gradualmente transferidas para os seus empregados, de acordo com esta ideia típica de género.

É inegável que as mulheres só foram autorizadas a entrar para a Ordem dos Advogados na década de 1920. Embora com o tempo o seu número tenha aumentado, os Estados Unidos registaram uma grave escassez de advogados no país durante a Segunda Guerra Mundial. É estranho ler que, durante a Segunda Guerra Mundial, os Estados Unidos confiaram nas mulheres advogadas para casos importantes como os das finanças e outros, ao passo que estas advogadas competentes foram afastadas dos seus cargos aquando do regresso dos advogados homens [7]. Daicoff refere-se à "personalidade dos advogados". No seu estudo realizado em 1992, indicou que 81% dos advogados do sexo masculino são tratados como "pensadores" e as advogadas são tratadas como "sentimentais". Este facto reduz as possibilidades de as advogadas optarem por casos que exijam mais análise, precisão e diligência. Os casos difíceis[5] tornam-se limitados

---

5 Refere-se a casos em que a matéria é difícil e em que é importante a moldagem dos factos e dos pontos em relação às leis constitucionais. Além disso, exige muito tempo.

às mulheres advogadas, o que leva à sua depressão na carreira. É certo que as mulheres entraram na profissão, mas o que é alarmante é o facto de não subirem em cada degrau da escada ao mesmo ritmo que os seus homólogos masculinos. Os estudos revelam que dois terços dos advogados principais são homens e os restantes são mulheres. As mulheres têm melhores resultados quando trabalham para o governo do que nos casos em que são arguidas, tanto em processos civis como em processos penais [9].

O narrador nº 23 disse: "É uma profissão totalmente masculina. Para nos integrarmos aqui, nós, raparigas, temos de ser como eles. Podemos esforçar-nos por ser como eles, mas somos vistas de forma diferente e isso deve-se sobretudo aos horários estranhos da câmara".

O estudo revelou que as conferências nocturnas são regulares e comuns entre os advogados. As conferências demoram frequentemente muito tempo a terminar. Mais do que qualquer outro problema, a deslocação torna-se muito difícil. O fator segurança não pode ser negado neste caso. As famílias são incomodadas, o sénior também, o que acaba por limitar as perspectivas de um advogado capaz e próspero. O facto de as conferências não se realizarem sempre na mesma sala de advogados, ou seja, quando os solicitadores e outros advogados se debruçam sobre o mesmo assunto, leva a que se verifiquem vários preconceitos, o que pode levar a que os advogados se sintam mais à vontade. Isto dá origem a vários preconceitos, que influenciam mesmo as advogadas em relação às suas colegas e, quando lhes perguntamos, todas revelaram a mesma razão, que é o fator de segurança das jovens advogadas.

Quadro 1: As mulheres advogadas e a sua luta pela assistência aos advogados seniores

Número total de mulheres advogadas	Número de advogadas com formação júnior	Número de advogados que têm juniores do sexo feminino
60	14	11

Apenas 31,11% das advogadas têm advogados estagiários a trabalhar sob a sua supervisão e a maioria destas advogadas tem uma advogada estagiária. Algumas confiam plenamente na responsabilidade dos seus subordinados; outras afirmam que os processos lhes são atribuídos com base no seu desempenho. Algumas revelaram uma parcialidade notória, como por exemplo: A narradora nº 32 disse: "Até agora, ela é boa, esperem, deixem-na casar".

Narrador n.º 55: "Elas vêm, trabalham, aprendem. Mas a maioria deixa a profissão depois de ter os filhos. Isso torna-se difícil para mim. Leva tempo a treiná-la e, quando ela se vai embora depois de aprender todos os meus pormenores, torna-se um problema".

Isto mostra que as próprias mulheres advogadas, depois de atingirem a antiguidade, não preferem as mulheres advogadas e têm receio do seu desempenho depois do casamento.

Pelo contrário, o narrador nº 36 disse: "Dou-lhes as chaves do meu carro, se houver conferências tardias. Pedi-lhes que aprendessem a conduzir e que conduzissem com cuidado, senão acho que as mulheres não são capazes de fazer nada hoje em dia".

O estudo mostrou que existe uma opinião mista entre os seniores sobre as suas jovens.

As advogadas no seu período pós-gravidez são muitas vezes generalizadas no sentido de que não estariam interessadas em mais casos pelo facto de serem mães recentes, o que nunca acontece com os pais recentes. Este facto constitui frequentemente um problema para as advogadas competentes. Os fluxos de casos interessantes e difíceis ficam muitas vezes limitados às mulheres.

Como a rede de contactos[6] é muito importante para aumentar o número de clientes e de processos, as mulheres advogadas enfrentam um contratempo. Isto pode acontecer imediatamente após o casamento ou o parto. A desaprovação tácita dos clientes e dos colegas ocorre quando as advogadas estão ausentes. Isto afecta a sua carreira. 75% das mulheres que trabalham em escritórios de advogados afirmam que as interrupções de maternidade tiveram um efeito adverso nas suas carreiras [10]. Em vários casos,

---

6 *A rede social* é um processo de criação de contactos sociais para enriquecer o negócio de uma pessoa.

generalizou-se o facto de as mulheres preferirem trabalhar em horários flexíveis a trabalhar em cargos de topo em várias sociedades de advogados, devido aos seus compromissos familiares e outras obrigações. Um estudo Catalyst de 2000 indicava que apenas 2% dos 500 diretores executivos eram mulheres. Neste contexto, Rhode afirmou que as mulheres advogadas preferem trabalhar em horários flexíveis, uma vez que os cargos mais elevados em qualquer empresa são mais exigentes do que os outros cargos locais. Rhode resumiu os obstáculos que se colocam às mulheres advogadas e o seu estudo indicou o seguinte

- Estereótipos de género

- Estruturas do local de trabalho que não favorecem uma vida equilibrada

- Falta de apoio para satisfazer as expectativas da sociedade

- Assédio sexual

- Disparidades de género no sistema judicial[11]

Mesmo quando os escritórios de advogados conseguem dar às advogadas a possibilidade de trabalharem eficazmente através de horários flexíveis, elas receiam estar a afetar as suas próprias oportunidades de progressão na carreira.

Para além de outros factores, as mulheres têm de satisfazer o papel de empregadas que se espera delas no que diz respeito à sua aparência. As mulheres negras tratam quimicamente o seu cabelo para o alisar e isso afecta frequentemente a sua pele, mas para corresponderem à aparência esperada de uma mulher europeia esbelta com cabelo liso, as mulheres negras tentam usar a sua aparência artificialmente. Assim, este tornou-se um arquétipo do empregado profissional ideal que é uma mulher e espera-se que todas as mulheres no local de trabalho cumpram o mesmo padrão. Assim, tal como o género, a aparência pode até influenciar as avaliações no que diz respeito à avaliação do trabalho.

O preconceito baseado na aparência está muitas vezes intimamente ligado a vários pressupostos baseados em práticas antigas da sociedade. Em muitos estudos realizados por psicólogos, verificou-se que os estereótipos de género são muitas vezes responsáveis pelo assédio sexual e por vários outros resultados negativos associados às várias formas de assédio sofridas pelas mulheres advogadas na profissão. Foi surpreendente constatar que, em muitos casos, as advogadas negras ou mesmo de cor permanecem em silêncio quando se sentem vítimas de assédio sexual. O silêncio deve-se ao facto de terem medo de ofender os seus colegas de trabalho do sexo masculino. Muitas vezes, não apresentam queixa. Acham que isso faria com que os outros sentissem que estão a convidar a intimidações sexuais indesejadas. O estereótipo da jezebel[7] coloca muitas vezes as mulheres numa posição em que os outros não podem confiar nelas, especialmente as mulheres negras, com os homens brancos de que necessitam para subir na hierarquia. O teto de vidro é uma forma distinta mas subtil de discriminação. O teto de vidro é um facto para as mulheres, mas poucas mulheres são duplamente afectadas.

Em muitos casos, tem-se verificado que as mulheres nos EUA não tendem a queixar-se de qualquer forma de assédio sexual no seu local de trabalho. As mulheres no local de trabalho são limitadas em comparação com os homens em quase todas as áreas de trabalho, exceto naquelas que são consideradas tarefas femininas. O seu número reduzido de mulheres marginaliza-as e o facto de trabalharem nos escalões mais elevados como "tokens" é sempre problemático para as mulheres no local de trabalho. As mulheres receiam ser visadas apenas pelo seu género. Estão frequentemente apreensivas quanto ao seu estatuto no seu local de trabalho. Com muita vigilância, as mulheres que trabalham como "tokens" tentam não enfrentar mais confrontos no seu local de trabalho, queixando-se de qualquer um dos seus colegas homens. Existem leis para salvaguardar a posição das mulheres no local de trabalho. A Lei sobre o Assédio Sexual das Mulheres no Local de Trabalho (Prevenção, Proibição e Reparação), de 2013, é uma <u>lei indiana</u> que visa proteger as mulheres do <u>assédio sexual</u> no seu local de trabalho. Para além destas leis na Índia, a Lei do Trabalho Justo de 2009 impede o assédio moral dos trabalhadores no local de trabalho por motivos não razoáveis. A lei sobre a discriminação sexual de 1984 proíbe a atividade sexual não solicitada e

---

7*Jezabel* - mulher de Acabe, que era rei de Israel; segundo o Antigo Testamento, era uma rainha cruel e imoral que promoveu o culto de Baal e tentou matar Elias e outros profetas de Israel (século IX a.C.).

qualquer forma de assédio sexual por parte de qualquer colega ou colega de trabalho. Assim, todas estas leis mostram que o local de trabalho não é sempre um local confortável para todos, mas a lei de 2013 visa especificamente proteger as mulheres no local de trabalho. A lei de 2013 visa especificamente salvaguardar as mulheres no local de trabalho, o que implica que as mulheres tentaram manter o silêncio. As mulheres da Ásia, que constituem a terceira maior economia do mundo, mostraram como uma enorme população de trabalhadores, independentemente do seu sexo, não se queixou de ter sido vítima de assédio sexual no local de trabalho.

Vários exemplos mostram como as mulheres indianas se recusam a apresentar queixa de qualquer tipo de assédio sexual no seu local de trabalho. A Comissão Nacional para as Mulheres do Estado de Telangana refere, nas palavras da Secretária, Satbir Bedi, que as mulheres receiam ser desacreditadas mesmo depois de terem sido vítimas de um ato vergonhoso no local de trabalho[12]. Foi referido que uma em cada três mulheres é vítima de assédio sexual, mas não tende a queixar-se. Isso deve-se apenas ao facto de não quererem ser o tema de discussão em qualquer lugar do local de trabalho.

Uma ativista social como Banwari Devi, no Rajastão, foi um dos primeiros ícones a apresentar um caso de resistência a um casamento infantil no PIL (Public Interest Litigation), em que os condenados escolheram a forma mais fácil de reprimir uma mulher, agredindo-a sexualmente. Isto não lhe deveu justiça, mas fez com que as alterações apoiassem a causa e a segurança das mulheres no seu local de trabalho. Após a adoção das diretrizes Vishakha desde 1997, em conformidade com os acórdãos do Supremo Tribunal, foi implementada a nova lei relativa ao assédio sexual das mulheres no local de trabalho (prevenção, proibição e reparação), de 2013. A aplicação desta lei garantiu o local de trabalho de muitas mulheres. O desconhecimento de tais leis e o receio de desilusão ou de perda de emprego por se manifestarem contra os seus colegas seniores do sexo masculino são responsáveis pelo baixo número de queixas contra eles.

É importante perceber que as mulheres ainda estão pouco representadas em qualquer forma de poder e de formulação de políticas em qualquer tomada de decisão, ou seja, nas finanças do país, no legislativo, etc. A representação mínima, uma vez preenchida pela reserva para as mulheres, nunca poderá igualar a posição das mulheres à dos homens. É certamente porque estão sujeitas a várias formas de discriminação e não há muitas mulheres a participar nas reuniões para estruturar as políticas ou as decisões para si próprias, porque a maioria dos decisores são os homens. A cultura do trabalho e o paradigma da sociedade dificilmente têm apoiado as mulheres a manter uma vida separada na esfera pública. As mulheres profissionais têm aceitado trabalhar duplamente porque, na maioria dos casos, a sua aceitação no local de trabalho principal só acontece depois de cumpridas as suas responsabilidades pessoais, nomeadamente as obrigações familiares. As mulheres que exercem uma profissão exigente, como a advocacia, têm dificuldade em sobreviver na profissão, quando a entrada foi tão crítica.

É sem dúvida preocupante que, quando o poder judicial promete combater o sexismo e a discriminação, o poder judicial e os seus profissionais não consigam, eles próprios, mantê-lo. As próprias mulheres advogadas são vítimas da agressão dos seus colegas homens. Um estudo mostra que, no Canadá, mais de metade da população que exerce a profissão de advogada foi vítima de assédio sexual e que isso as desmoraliza para sobreviverem na profissão.

A cultura de uma comunidade é um dos muitos factores que geram estereótipos de género. A barreira para as mulheres na ascensão da sua carreira em qualquer domínio profissional deve-se mais ao sistema de valores socialmente construído do que às suas capacidades reais. (Fox, 2006) O teto de vidro é certamente um dos factores explicativos da desigualdade de género existente na esfera pública. As razões são principalmente as noções socialmente construídas de estereótipos de género. Por conseguinte, sempre que as mulheres tentam subir na hierarquia, sentem o preconceito. É inegável que estão sub-representadas nos escalões superiores das empresas que exibem poder e liderança. (Kaufmann, et al. 1996) O teto de vidro está intrinsecamente ligado aos estereótipos de género. Os estereótipos de género provocam certos preconceitos e reforçam-nos em estruturas patriarcais já existentes. Na opinião dos empregadores, existe o risco de recrutar mais mulheres para cargos de chefia devido ao facto de a sua participação no trabalho ser interrompida. (Nordman, et al.2006) Os preconceitos não são o reflexo de uma verdadeira aversão às mulheres, mas baseiam-se na fé permanente no status quo dos papéis de género de homens e mulheres, com a consequente atribuição de capacidades. Os empregadores prevêem que a nomeação de mulheres para cargos mais elevados representará uma perda considerável, uma vez que estas são geneticamente mais orientadas para a família e podem deixar o emprego em qualquer altura. (Bosch et al, 2009) As mulheres são rotuladas como "orientadas para a família" com base no estereótipo de género; o salário que ganham no mercado de trabalho de baixo nível reflecte a sua produtividade média. Este facto coloca todas as mulheres em posições de desvantagem, mesmo que algumas delas queiram ultrapassar o teto de vidro, ter um desempenho acima da média e ascender a empregos de nível superior. (Grout et al 2009) Esta segregação deve-se à forte inclinação da divisão do trabalho em função do género a favor dos homens na esfera privada. Este facto é frequentemente utilizado como explicação para o facto de as mulheres não poderem dedicar o máximo de tempo ao desenvolvimento das suas competências profissionais. Consequentemente, o resultado é que existe frequentemente uma relutância notória entre os empregadores em investir nas perspectivas de carreira com os seus programas de formação adequados para as mulheres, uma vez que associam frequentemente a "incerteza" às suas empregadas por este motivo.

A experiência e a progressão na carreira confirmam a notoriedade e a elevada remuneração de um solicitador. Por obrigação para com o agregado familiar e os filhos, uma mulher advogada não consegue atingir essa excelência na sua área. (McNabb, Wass, 2006) As mulheres advogadas estão mais presentes nos departamentos relevantes, com menos oportunidades de perspectivas de carreira. Explica como as posições de topo das firmas jurídicas se baseiam na política dos "old boys" e, abaixo desse nível, a promoção se baseia no desempenho profissional e na antiguidade. (Roach, 1990) Mostra que, até um certo nível, as perspectivas de crescimento das mulheres são bastante semelhantes às dos homens, mas depois as suas possibilidades de progredir ficam saturadas. As novas advogadas estão equipadas para trabalhar sob pressão, para se conformarem com a autoridade (Phillips, et al. 1993). Para além das obrigações familiares impostas às mulheres, o assédio sexual é outra forma de as dominar e rebaixar. Desde o início, o processo jurídico tem demonstrado como o poder e a autoridade masculinos permanecem inquestionáveis. Assim, justifica-se o facto de as juízas da Florida se sentirem intrusas neste domínio. Os comentários depreciativos dirigidos às mulheres advogadas são muitas vezes um "hábito" dos seus colegas homens e não um preconceito de género. (Padavic, Orcutt, 1997) É muito interessante encontrar um estudo que revela como o carácter descritivo da beleza ou da atração física das advogadas influencia as suas hipóteses de ganhar dinheiro, mas que continua a ser uma área inexplorada pelos economistas. Alguns dados revelam que as jovens advogadas com um físico bonito auferem rendimentos mais elevados e que, em muitos escritórios de advogados, as advogadas mais velhas atingiram um nível em que a sua beleza reteve os seus clientes. Existe uma ligação subtil entre beleza e sucesso económico entre os estudantes de Direito. (Biddle et al.1998) Para além de se saírem bem na sua prática jurídica, também têm de competir com as outras colegas para serem mais bonitas. A pressão profissional e a concorrência são duplas no caso das mulheres que competem tanto com todos os advogados como exclusivamente com as suas colegas do sexo feminino pelo seu fenótipo. Este último fator é alarmante para as mulheres, mas pouco visível para os homens. Comentar a aparência das mulheres e dirigir-se informalmente às colegas nas salas de audiências como "querida" ou "bebé", ou perguntar-lhe sobre a roupa interior, atirar-lhe beijos, é assédio sexual verbal para as advogadas. Os juízes do sexo masculino referiram-se às juízas como "cabras", "gatas" ou "mais uma hemorragia" (Orcutt, Padavic, 1997), tornando o local de trabalho muito difícil para as mulheres.

Para saber mais sobre este assunto, verificou-se que "os juízes ficam chocados quando a mulher se levanta e argumenta. Dizem-me que pareces uma mulher e que podes fazer um trabalho melhor em casa   O direito é uma área totalmente dominada pelos homens". Trata-se de uma referência a

a experiência de Diana Hamade, a fundadora da International Advocates Legal Services no Dubai. (Kannan,2014) As experiências são mais ou menos semelhantes nas várias instalações dos tribunais em todo o mundo. O Times of India (TOI), um dos principais diários ingleses, tem vindo a noticiar a ascensão das mulheres a cargos de direção desde há algum tempo. Em 20 de fevereiro de 2012, o TOI informou que a maior empresa de bebidas do mundo tem 12 mulheres entre os 30 gestores de topo. Além disso, o Economics Times noticiou, em 7 de fevereiro de 2011, que as mulheres que são CEOs bem sucedidas, diretores executivos, etc., afirmam não ver obstáculos ao teto de vidro, uma vez que há um número crescente de mulheres a ocupar cargos executivos de topo na Índia. A imprensa escrita parece interessar-se muito pela questão do teto de vidro nos últimos anos. Todos os relatórios acima referidos são alguns dos muitos exemplos que testemunham a crescente preocupação com o "teto de vidro" no contexto indiano.

Assim, as mulheres enfrentam todos os dias uma barreira que as impede de alcançar os seus objectivos, sendo o género sempre uma questão determinante. É importante desenvolver relações comerciais para os empresários. Estas relações não se desenvolvem num curto espaço de tempo. Desenvolve-se através de um cuidado cuidado com os activos do capital social.

NOVA REVOLTA PARA QUEBRAR O TECTO DE VIDRO

A partir dos anos 80, as mulheres entraram em grande número na força de trabalho e nunca pareceram incomodadas com qualquer rejeição ou forma de discriminação no trabalho. A satisfação das mulheres residia no facto de terem entrado para a vida ativa e não na sua posição no local de trabalho. A abertura gradual às oportunidades e, mais importante ainda, à independência económica aliviou as mulheres nas profissões. As expectativas sociais que uma mulher tem de satisfazer funcionam muitas vezes como um obstáculo à melhoria profissional das mulheres. Atualmente, o cenário está a mudar. Há vários exemplos que demonstram a ascensão das mulheres na profissão. A alteração da hierarquia é pertinente para compreender a mudança de posição das mulheres.

Na Índia, houve várias razões, como as restrições de casta, a pobreza, a condenação das mulheres que trabalham fora de casa, para citar apenas algumas. Por isso, a voz e a escolha de trabalhar como profissionais independentes eram inimagináveis para muitas famílias que nunca permitiram que as mulheres tivessem acesso ao ensino superior, ou seja, a aprender Direito. Assim, os movimentos feministas graduais na região europeia tiveram o seu impacto em todo o país, que até a Índia adoptou depois de muita agitação. Só a elaboração de leis e de políticas governamentais não é suficiente para a aplicação e a execução das regras para as mulheres profissionais. Atualmente, a situação não é certamente semelhante à que existia há algumas décadas.

Muitas pessoas consideram que o dilema relativo à igualdade de estatuto das mulheres advogadas foi resolvido em todo o mundo.

Lorber refere, em 1994, que a igualdade entre homens e mulheres não se resume à igualdade entre homens e mulheres. Trata-se apenas de atribuir o mesmo valor a cada uma das tarefas que se realizam[13, pp. 74].

A mudança na cultura de trabalho está a desenvolver-se gradualmente e foi notificada pelas feministas quando a alteração dos títulos e dos perfis profissionais no trabalho de grupo colaborativo permite que as mulheres trabalhadoras promovam o seu talento. Consequentemente, está a mudar a terminologia utilizada há muito tempo, como "presidente" para "presidente".

A tentativa de quebrar o teto de vidro é um desafio. A ênfase na educação das filhas, o adiamento do casamento e a maternidade estão a favorecer as mulheres dos grupos de rendimento médio para chegarem ao topo de muitas multinacionais. Apesar disso, casos como o de Indra K. Nooyi, eleita presidente da PepsiCo em 2007, são ainda muito raros. Os problemas são ainda maiores quando se é imigrante, de cor e, sobretudo, mulher (Chopra, 2011). Os dados recentes de 2007 mostram que o número de mulheres advogadas que exercem a profissão nos vários tribunais da Índia, especialmente em Haryana e Punjab, está a diminuir. Por outro lado, a inscrição de estudantes do sexo feminino no curso de Direito está a aumentar de dia para dia. Este facto indica que as mulheres advogadas sentem que o trabalho é obtido através de contactos e de canais informais, o que constitui frequentemente um revés para as mulheres, uma vez que, por vezes, isso induz os outros em erro e acarreta riscos para elas. (Ohri; 2007) Preferem juntar-se aos LPO (Legal Process Outsourcing) que lhes oferecem um bom começo financeiro e um ambiente de trabalho confortável. As mulheres advogadas exigem a criação de um comité para julgar o assédio sexual em todos os tribunais do país. O incidente de assédio sexual de uma juíza dalit do Rajastão desencadeou esta questão. Por conseguinte, no cerne da controvérsia, está a questão de tratar as mulheres com dignidade nos locais de trabalho.

É preciso festejar quando os casos de quebra do teto de vidro nos são intimidados, em qualquer esfera da profissão, destacando o sucesso das mulheres na sua profissão. Isto deve-se ao facto de as que conseguiram penetrar nos escalões mais elevados terem entrado, sem dúvida, como tokens e com imenso potencial e sob severa vigilância dos outros colegas homens no seu local de trabalho. Este facto serve de inspiração a muitas outras mulheres que, hoje em dia, vêem o seu caminho para o sucesso muito mais facilitado. Por isso, não é raro que muitas mulheres profissionais ignorem a existência de qualquer forma de discriminação contra elas. O receio de se sentirem desanimadas ou sobrevalorizadas depois de terem ultrapassado vários obstáculos com a sua própria tenacidade individual, em vez da generalização a todas as mulheres, obriga-as a recusar o seu próprio encontro com a experiência do teto de vidro ou da perda da carreira a meio da vida.

A crise da meia-idade com a carreira aprofunda-se entre as mulheres quando, apesar das suas capacidades, não lhes é permitido subir após um determinado nível de posição. Elas não são diretamente levadas a perceber isso, mas a segregação subtil das salas de reuniões e das tarefas desafiantes tornou as mulheres conscientes hoje em dia e, por isso, os números estão a aumentar quando as mulheres estão a governar o ápice.

Vários estudos especificam que o preconceito de género se sobrepõe frequentemente ao nível de desempenho de cada um. As mulheres encontram-se hoje no topo dos escalões, são excecionalmente competentes e capazes, ao passo que os homens nunca são obrigados a provar o seu valor em todas as áreas.

O alcance das mulheres nos vários escalões da hierarquia depende da sua aceitação no que diz respeito à sua aparência, o que corresponderia aos padrões esperados para as mulheres. As mulheres só têm de cumprir os padrões estabelecidos, tanto a nível estético como a nível da sua competência. As mulheres continuam a ter de cumprir esses padrões para se tornarem parte da força de trabalho dominante. As mulheres que alcançaram o estatuto são ainda em número nominal, mas estão a abrir mais caminhos a muitas outras mulheres.

Foi interessante observar como uma diretora executiva que era mulher, depois de garantir a sua posição no topo da empresa, como na LADOL na Nigéria, partilhou a sua experiência de falta de cooperação por parte dos funcionários de topo das outras empresas parceiras. Descreveu a situação em que os funcionários masculinos pareciam desconfortáveis ao interagir com uma delegada feminina da empresa. Relatou acontecimentos deste tipo em que, até à data, encontra homens que se recusam diretamente a falar com ela, mas os seus colegas homens cooperam fortemente. Disse que a sua paciência e o seu espírito de equipa com as outras colegas facilitaram o caminho da sua carreira[14]. O que é surpreendente é o facto de não encontrarem muitas mulheres no mesmo nível, mas terem mulheres nos escalões inferiores da empresa. Por isso, é difícil criar o poder da unificação e dar voz à discriminação. Por isso, é importante que, quando uma mulher consegue chegar a um nível elevado, possa quebrar o teto de vidro, mas para isso é necessário que haja mais mulheres nos escalões superiores.

É sempre uma novidade em vários sectores da profissão jurídica a existência de uma mulher que se tenha destacado na sua área de magistratura. É verdade que as mulheres são ainda pouco numerosas em comparação com os homens. O entusiasmo das notícias nunca é semelhante ao dos homens. Isso deve-se exclusivamente ao facto de os homens não precisarem de dar exemplos, mas as mulheres precisam de estabelecer os seus padrões para abrir caminhos para outras mulheres. É muito difícil para as mulheres conquistar o seu lugar numa profissão dominada pelos homens, enquanto noutras profissões a entrada era ainda mais difícil. Da fase não permitida ao tokenismo e depois à posição cimeira é um enorme percurso que as mulheres advogadas empreenderam. A luta contínua contra os estereótipos exigentes sempre constituiu uma pressão incalculável para as mulheres profissionais.

A coronel Michelle Hernândez de Fraley (aposentada) foi a primeira mulher porto-riquenha a licenciar-se na Academia Militar dos Estados Unidos em West Point, e cita: "Aprender as regras, conhecer os participantes, seguir as instruções e perseverar (e prosperar) sendo o jogador mais valioso"[15]. Isto mostra como as novas mulheres com espírito profissional estão a abrir caminho para que outras, com os seus conselhos e a sua experiência, penetrem em grande número no mercado de trabalho. Aprenderam o mecanismo e a estratégia para sobreviverem numa profissão em que a frustração, os salários baixos e desiguais, os dossiers angustiantes e os casos incontestados podem não dar oportunidades iguais às mulheres competentes. As mulheres que exercem efetivamente esta profissão não encontram vias adequadas para explorar nem oportunidades para mostrar as suas potencialidades. Assim, a quebra da forma subtil do teto de vidro foi possível graças à infração de algumas mulheres profissionais. Estas foram obrigadas a adaptar-se a uma nova estratégia que consiste em imitar os padrões de trabalho e de comportamento dos homens. Esta estratégia explica como as mulheres profissionais se sentem deslocadas e são obrigadas a associar-se e a habituar-se às normas e regras existentes no sistema. Isto explica a forma como uma mulher profissional lida com a situação para se tornar valiosa para os outros no local de trabalho.

Há certas expectativas normativas a que um advogado do sexo masculino está ligado. Trata-se da sua agressividade e dureza mental. Mostra como ele é representado em contradição com as suas colegas mulheres. Estes atributos sustentam a sua suavidade e maternidade no tratamento dos assuntos, o que limita as suas hipóteses de crescer na profissão devido à generalização. Este comportamento estratégico com um sorriso entre os homens serve apenas para manipular o júri em muitos casos. Este tipo de comportamento semelhante nas mulheres é posto em causa quando se encontra numa mulher profissional. Assim, a perceção sobre as mulheres é toda feita e o seu "trilho de mãe" também. A forma como as mulheres profissionais estão a lidar com a maternidade é diferente. Os problemas dos elevados custos do baby sitting em muitos países europeus desencorajam muitas mulheres competentes a deixar de trabalhar. A interrupção da carreira das mulheres profissionais é notória. Assim, o comportamento emocionalmente suave é um requisito em muitos casos e tem sido aceite para criar a relação entre a masculinidade estruturada e a feminilidade, retomando a "hegemonia de género"[13].

A cultura do trabalho está a mudar gradualmente para as mulheres na profissão de advogada, que se acomodam às cargas de trabalho para se mostrarem ainda mais à altura dos seus colegas homens. As mulheres afirmam-se como líderes dinâmicas de amanhã. É importante compreender que não devem ser tratadas como mulheres líderes, mas sim como líderes únicas, em que os traços de liderança apenas importam e as expectativas estereotipadas de género não funcionam como obstáculo às suas realizações. Parte-se geralmente do princípio de que, devido ao menor número de mulheres nos escalões superiores da profissão e à falta de modelos femininos e de oportunidades de orientação, as mulheres se depararam com várias formas de obstáculos para subir a escada do sucesso na sua carreira. Os estudos referem uma perceção diferente das mulheres que desencorajam as outras mulheres profissionais a alcançarem o mesmo lugar que elas conseguiram após uma enorme luta. Este fenómeno é designado por síndrome da "abelha-rainha"[16]. Com uma abordagem diferente e atravessando vários obstáculos, quando as mulheres atingem um determinado nível, têm frequentemente relutância em dar o caminho mais fácil às outras profissionais. Pode ser um caminho difícil para as mulheres competentes, mas as mulheres que conseguem chegar aos degraus superiores destacam-se certamente na profissão. Mesmo os seus homólogos masculinos tendem a aperceber-se da sua posição, que é ignorável, depois de se aceitar que ela conquistou um lugar na profissão. Os traços distintivos podem ser a sua clareza na apresentação de questões importantes, mas a possibilidade de lidar com questões difíceis é frequentemente limitada para muitas advogadas, mesmo atualmente na sua profissão.

Jodi Ezrin Murphy, uma advogada de planeamento imobiliário e direito dos idosos da Flórida da Murphy and Bergland, PLLC, comentou: "Agora não perco mensagens de texto ou chamadas e posso ditar respostas a mensagens de texto facilmente. Já atendi chamadas sem problemas, mas o mais importante é que o meu administrador pode enviar-me mensagens de texto se as reuniões se prolongarem e vibra discretamente para que eu saiba que devo terminar as coisas!"[17]. Este texto mostra a dependência dos dispositivos tecnológicos para se adaptar às exigências da profissão. Esta citação não defende a utilização do relógio da Apple ou de qualquer outra marca. Refere-se apenas à utilização máxima do apoio que uma tecnologia de ponta pode proporcionar. O estudo aprofundou os problemas intrincados das mulheres, em que os seus separadores ou telemóveis ficam na carteira e elas perdem notificações importantes sobre os seus casos, ao contrário dos homens. Esta dependência tecnológica facilita o seu trabalho e mantém as suas mãos livres quando tem muitos dossiers para transportar em conferências. Esta dependência é nova e colabora com a sua pressão laboral e com a sua nova vida e responsabilidade no trabalho. Isto torna o trabalho obrigatório e flexível para elas na nova era da prática judicial.

Os princípios da transparência no trabalho e da justiça com igualdade no trabalho alteraram a situação de muitas formas. O local de trabalho amigo do trabalhador é sempre uma nova recomendação para a nova ideologia do trabalho. Isto não torna os escritórios de advogados ou as salas de audiências mais amigos das mulheres, mas sim muito amigos dos trabalhadores. Este gesto mostra automaticamente uma nova via em que as mulheres estão a romper gradualmente o teto de vidro e a criar uma diferença na profissão. Historicamente, os papéis impostos pela sociedade tornaram-na uma pessoa polivalente e, consequentemente, mais eficiente do que os homens em muitos casos.

As reformas legislativas e o crescente acesso a diferentes profissões desenvolveram-se com o alargamento das oportunidades também para as mulheres desde o século XIX. Fay refere que "o direito estava em plena transformação dramática, passando de uma profissão de cavalheiros definida com base na classe social, contactos e jantares no século XIX para um sistema baseado em credenciais educativas e exames competitivos" [18].

A teoria do preconceito racional, com base em várias conclusões, mostrou que a autoridade superior ou as pessoas com poder discriminam mais as mulheres no topo do que as que se encontram no escalão inferior de qualquer sector ou organização. Habib refere a parede de tijolo e os efeitos do teto de vidro também no caso dos serviços administrativos no Bangladesh. Os impedimentos atitudinais e culturais são os obstáculos "presumidos" mais comuns para as mulheres. São referidos como obstáculos presumidos porque, em muitos casos, as mulheres não são responsáveis pela sua experiência de parcialidade. Neste contexto, muitas mulheres advogadas já provaram ser tão competentes como os seus colegas masculinos, alcançando o mesmo lugar que os seus homólogos contemporâneos. A sua experiência de discriminação deve-se apenas ao facto de terem sido generalizadas com outras mulheres por não serem capazes de se dedicar à profissão. Estudos revelam que as advogadas não têm um bom mentor nos tempos habituais, o que as impede de se dedicarem a casos difíceis. Isto torna o cenário difícil para as mulheres profissionais no terreno, que têm de contrariar os estereótipos de género "aceites" sobre as potencialidades das mulheres, seja em que profissão for, como no domínio jurídico. Esta situação afecta o nível de desempenho das advogadas e, do mesmo modo, o pressuposto generalizado de que as mulheres são "brandas" e "meigas" e não conseguem lidar com o direito comercial e com o stress dos tribunais. Isto afecta o seu crescimento profissional e leva à noção de falta de empenho e de pouca visibilidade. Este facto, por sua vez, reforça a ideia de que as mulheres "não podem ganhar"[19]. As mulheres lutam mais para quebrar a ideia de que não têm a ambição de crescer na carreira.

Atualmente, existem várias leis que salvaguardam os direitos das mulheres no seu local de trabalho. As mulheres africanas mudaram a "roda" da ação e foram introduzidas várias alterações nas novas leis legislativas. Muito pouco foi feito para alterar as leis relativas à autonomia sexual e às capacidades reprodutivas das mulheres, porque as leis ainda não favorecem o aborto, a prostituição e a homossexualidade. A "hipótese da escassez[8] " cria, em muitos casos, tensões e conflitos entre trabalho e família. Isto afecta o teste de calibre das advogadas no que diz respeito à profissão jurídica. O conflito entre a vida profissional e a vida familiar tem-se referido a problemas de absentismo, falta de trabalho e insatisfação pessoal e intenções de abandonar o trabalho na organização a que estão associadas.

Foi interessante verificar que os estereótipos de género afectam fortemente as mulheres na profissão. Foi analisado por Hahn e Clayton, em 1996, que os advogados passivos tendem a ganhar e a ganhar menos casos do que os advogados activos[9] . Estranhamente, quando as mulheres advogadas agressivas são mais bem sucedidas, não obtêm as mesmas vantagens que os seus homólogos masculinos que praticam uma advocacia agressiva em frente à bancada. É de notar que as profissões dominadas pelos homens, como a medicina, o direito e os negócios, quando são conquistadas pelas mulheres, conferem-lhes mais honra e prestígio. O prestígio de que gozam é certamente maior do que o das mulheres que estão associadas a profissões tipicamente femininas, como enfermagem, ensino, etc. Esta é a diferença notória que se observa em muitos estudos em que as mulheres deram provas na profissão dominada pelos homens.

---

8 Refere-se à energia humana fixa e à capacidade do homem de desempenhar múltiplas funções, o que implica a perda de tempo e de níveis de energia para satisfazer todas as exigências.
9 Refere-se aos advogados que se apresentam perante o tribunal.

Vários registos no quadro mostram como as mulheres abandonam gradualmente a prática privada.

Quadro 2: Condições de trabalho de homens e mulheres activos[20]:

Género	Homens	Mulheres
N.º de inquiridos	334	124
Percentagem da turma que trabalha em clínica privada	75	86
5 anos após a graduação	62	75
15 anos após a graduação	42	59

O quadro 2 refere-se ao afastamento gradual das mulheres da profissão. É verdade que, embora a prática dos homens e das mulheres advogados esteja hoje mais próxima em termos de percentagem, continua a existir um fosso entre os dois sexos. É interessante notar que, desde o início, os homens estão mais presentes na prática e, com o tempo, a percentagem de homens e mulheres aproxima-se, mas existe sempre uma diferença entre os dois sexos. Os números diminuíram tanto para os homens como para as mulheres.

As mulheres advogadas deparam-se frequentemente com certos obstáculos no seu percurso de progressão profissional. Aplicam as suas estratégias individuais para os ultrapassar. A sua orientação profissional torna-as relutantes em denunciar ou mesmo em reconhecer a existência de sexismo no trabalho. Estas situações são comuns para as mulheres, principalmente quando trabalham em tokens. Estas situações são frequentemente utilizadas para quebrar a sua confiança no local de trabalho. De acordo com vários estudos, a "dominação" por parte dos homens é mais fácil. Para os homens, o assédio sexual é uma forma muito fácil de dominar as mulheres no trabalho e, de um modo geral, na sociedade[21].

A este respeito, Fiona Kay e Broakman referem que mais de metade das mulheres juristas consideraram o assédio sexual como um obstáculo ao seu percurso de sucesso na profissão de jurista.

As disparidades salariais entre homens e mulheres não são sempre reconhecidas pela mesma razão. As mulheres profissionais não recebem tarefas de grande responsabilidade ou tarefas desafiantes em que possam provar as suas potencialidades. É importante notar que, quando se espera que as mulheres desempenhem os papéis de género, generaliza-se a ideia de que todas as mulheres nas profissões não podem ter um desempenho tão diligente como os seus homólogos masculinos. Desde a implementação da Lei da Igualdade de Remuneração de 1963, a existência de salários desiguais foi atendida e pensou-se ter resolvido o problema. Até à data, a experiência das mulheres não sofreu qualquer alteração. O secretismo sobre os pagamentos tem sido encorajado. A estratégia das entidades patronais para manter as mulheres limitadas na sua ascensão após um determinado nível de desempenho.

A sociedade indiana é muitas vezes rígida para com as mulheres, não as deixando ir além do trabalho doméstico. Os valores sociais e a ética são mantidos de forma diferente pela mudança de mentalidade da Geração Y e com o avanço da educação. Isto ajuda as mulheres indianas a avançar, quebrando os grilhões da pressão doméstica.

Há referências de mulheres bem sucedidas que conseguiram quebrar o teto de vidro imaginário, mas que, na sua maioria, se sentiram sozinhas depois de chegarem ao topo. Há uma exclusão regular das mulheres competentes dos estereótipos masculinos no desenvolvimento de comunicações através de contactos informais.

MATERNIDADE E INTERRUPÇÃO DA CARREIRA DAS MULHERES ADVOGADAS

O problema não se coloca apenas na Índia, mas a inversão de papéis também é bastante comum na Alemanha. "A norma de género "Kinder, Küche, und Kirche", ou "crianças, cozinha e igreja", ainda se faz sentir fortemente na Alemanha." (Citado de Hagan, Plickert, 2012) Assim, o casamento acrescenta responsabilidades à mulher. Este facto torna, em certa medida, duvidosa a posição das mulheres advogadas.

É importante perceber como a maternidade e as responsabilidades no local de trabalho se duplicam hoje em dia, porque a carreira é mais exigente. Este facto dificulta a vida das mães, provavelmente mais do que a geração anterior poderia ter enfrentado. Há uma diferença na forma como as mães da nova geração percepcionam as suas vidas, mesmo quando lhes são conferidos os deveres da maternidade, como há gerações.

Muitas mulheres referem que a gravidez e o parto têm um efeito negativo na sua carreira. As mulheres profissionais tentam muitas vezes adiar a sua gravidez ou então sentem que esta é uma das razões do seu atraso ou retrocesso nas promoções e nos salários. Um sítio Web para pais, na Grã-Bretanha, chamou-lhe "pena de maternidade". Isto mostra que o papel de género atribuído às mulheres de gerar e criar uma criança continua a ser primordial nas nossas vidas. A progressão na carreira é um dever adicional que as mulheres adoptaram por sua escolha. A imagem oposta para ajudar as mulheres profissionais a trabalhar confortavelmente mesmo quando os seus filhos estão em casa também está disponível. A estrutura familiar unida e os laços que os unem permitem que outros familiares idosos tomem conta dos filhos. As creches e infantários na Grã-Bretanha, em França ou na Alemanha, onde as mulheres querem apoio contra os preços elevados, nem sempre estão disponíveis, o que dificulta o seu trabalho.

Como associada jurídica, um estudo revelou que as mulheres advogadas com filhos trabalham mais de 50 horas por semana apenas 32%, enquanto os homens com filhos trabalham mais do que os homens advogados que não têm filhos. (Harrington, Hsi, 2007) Esta constatação sugere a velha ideia de que os homens são o ganha-pão, o que, por sua vez, os torna mais responsáveis pela família e pela educação dos filhos. Isto justifica as suas conferências nocturnas. Por outro lado, este facto faz com que as advogadas dêem prioridade aos filhos em detrimento da sua profissão, abrindo gradualmente espaço para que os seus colegas contemporâneos do sexo masculino possam prosperar profissionalmente. Para muitas mulheres, a batalha pela entrada na profissão de advogada começa logo no seio da família. Muitas vezes, há muitas considerações ilógicas, como por exemplo o facto de se dizer que, no Canadá, os advogados eram apenas homens, o que tornava incompreensível a existência de mulheres advogadas no país. (Mossman, 1988)

No mundo de hoje, as mulheres estão a usufruir plenamente das suas capacidades, o que não conseguiam fazer há algumas décadas atrás. O condicionamento está gradualmente a focá-las no seu nível de auto-realização e no seu individualismo que costumava permanecer inerte num determinado momento. A importância da auto-realização desenvolveu-se com o trabalho remunerado a que hoje estão associados. É importante perceber que as mulheres modernas ainda estão sob a dupla pressão de gerir os seus deveres domésticos e também o seu local de trabalho. Nesta conjuntura, as suas responsabilidades e o seu desejo de ser mãe a tempo inteiro tornam-se muito ocupantes. Elas tentam fundir os padrões comportamentais tradicionais e os não tradicionais esperados[15]. Não é possível definir a maternidade como uma caraterística tradicional, porque muitas mulheres consideram que a maternidade é a sua conclusão, mesmo quando já realizaram muitas coisas no seu percurso profissional. Assim, as novas mulheres no mercado de trabalho tentaram sempre encontrar um equilíbrio entre os dois pontos de vista. As feministas radicais aperceberam-se de como o emprego remunerado era visto como uma forma de quebrar a responsabilidade tradicional atribuída às mulheres pela estruturação patriarcal da força de trabalho.

De acordo com muitos investigadores, a visibilidade e as pressões sobre o desempenho resultam de uma vigilância contínua. Esta pode afetar o desempenho de uma pessoa e diminuir a sensação de conforto. Em muitos casos, existem problemas de "polarização" e de "aumento das fronteiras do grupo". Os dominantes no grupo podem tentar enfatizar a sua cultura e tendem a lembrar aos "símbolos" as suas diferenças. O facto de "aprisionamento de papéis[10] ' também não pode ser negado [22]. Os papéis de género esperados e sancionados enfatizam que as mulheres devem estar associadas às tarefas domésticas e ao dever de cuidar dos filhos. Quando saem de casa e tentam provar o seu valor nos seus campos de trabalho, passam mais tempo fora de casa. Os colegas homens perguntam-lhes frequentemente sobre as suas famílias e filhos. Isto surpreende-as e elas tendem a fazer com que os colegas se sintam culpados por dedicarem mais tempo à profissão e menos à família. Por vezes, as próprias advogadas não querem fazer melhor do que o seu estatuto atual.

O narrador n.º 56 disse: "Não, as pessoas adivinham que eu não vou conseguir, por isso não dizem".

Mais uma vez, o narrador n.º 11 disse: "Não posso deixar os meus filhos aqui, eles têm os seus quadros este ano. Eu também não estou muito interessado em ganhar tanto".

O narrador n.º 35 disse: "Quase não lhe posso dar tempo (à filha), é só à noite. Depois disto, se eu for para fora, não posso... Não posso. As mães não podem fazer tudo o que lhes apetece".

O narrador n.º 15 disse: "Todas as manhãs, antes de ir para o tribunal, certifico-me de que faço algumas das tarefas domésticas, depois a minha sogra e a minha empregada tratam disso".

Tudo isto mostra como as mulheres advogadas estão sempre sob pressão para corresponderem às expectativas do seu papel. Tenta alargar a sua esfera de ação, mas não nega o seu papel de mãe, esposa ou nora. Por isso, prefere equilibrar as suas tarefas em casa e no tribunal. As advogadas solteiras estão geralmente livres destas obrigações, exceto nos casos em que têm de cuidar de pais idosos e doentes. Nesse caso, tem de controlar tudo em casa, mesmo quando está dependente das suas empregadas. Mesmo depois deste esforço, as advogadas são muitas vezes objeto de grandes dúvidas. Os seus esforços são questionados porque se generaliza a ideia de que elas não são

---

10 Em direito penal, **a armadilha** é uma prática através da qual um agente da autoridade induz uma pessoa a cometer uma infração penal que, de outro modo, não seria provável que cometesse. A estrutura da sociedade obriga a mulher a aceitar as normas sociais, prendendo-a aos grilhões de uma sociedade ortodoxa.

responsáveis pelo seu trabalho devido aos papéis de género que lhes são atribuídos em casa. Isto refere-se ao seu "aprisionamento de papéis", em que uma mulher, apesar das suas potencialidades, é aprisionada em papéis de boa criadora de família e boa advogada. A narradora n.º 16 contou como foi confrontada com perguntas dos seus colegas do sexo masculino como "Não seria tarde para ti? Quero dizer, a conferência pode demorar muito tempo?".

Um narrador de 50 anos disse: "Como é que vão conseguir regressar, nós conseguimos, mas uma senhora pode ter problemas. Os dias não são bons".

Neste contexto, o medo da insegurança é comum entre os guardiães e as próprias advogadas, mesmo quando querem trabalhar. Os relatórios sobre o LSUC referem que as mulheres que trabalham no sector jurídico se queixaram no seu local de trabalho até 78% do que as advogadas que se queixaram até 62% em 2003. O quadro 3[23] apresenta as queixas registadas:

Quadro 3: Percentagem de queixas recebidas de mulheres na profissão jurídica

Base das queixas	Percentagem
Com base no sexo	50
Com base na deficiência	26
Com base na raça	16
Com base na orientação sexual	5
Com base na idade	4

É um misto de preocupação para com ela e uma forma de a desencorajar a continuar a exercer a sua profissão, porque um advogado vai certamente ter conferências até altas horas da noite, o que é um fenómeno regular para eles.

O narrador n°. 46 disse: "O meu superior não me dá todos os tipos de casos. Ele apoia-me, mas é muito seletivo quando me dá casos. Não posso negar que ele os dá aos meus colegas homens. Eu sei que tenho de viajar para regressar a casa e, por isso, saio cedo e o hemiciclo está a funcionar em pleno a partir das 21h00, quando saio diariamente às

21h45. Eles ficam automaticamente com assuntos mais importantes que eu perco para ter impacto na minha carreira".

Assim, as narrativas mostram que, apesar de as barreiras formais terem sido desmanteladas, as formas manifestas e subtis de discriminação e exclusão com base no género não podem ser negadas. As mulheres desafiaram o sistema e contestam-no continuamente com o número crescente das suas inscrições nas faculdades de Direito. No entanto, as mulheres permanecem à margem do poder e dos privilégios na prática da advocacia. Isto deve-se frequentemente à generalização de que as mulheres são fracas, incompetentes e não podem assumir responsabilidades. Infelizmente, as narrativas provêm de profissionais com formação académica que já sobrevivem na profissão há mais de 10 anos, mas cuja potencialidade tem sido posta em causa em nome das expectativas da sociedade. As realizações educativas e profissionais podem não ser as mesmas para todas as mulheres de todas as origens sociais e económicas, mas as suas responsabilidades nas tarefas domésticas são as mesmas desde sempre.

Por exemplo, a entrada das mulheres no sistema jurídico canadiano teve início em 1895, mas foi limitada até 1942[24]. Nos Estados Unidos, as mulheres começaram a exercer a profissão de advogada após o período pós-guerra civil. O sistema de crenças dominante nessa época considerava que o domínio natural de atividade das mulheres era a esfera privada, onde apenas deviam cuidar da família e dos filhos, enquanto a esfera "natural" dos homens era o domínio público, que incluía o direito, os negócios e as ideias. As mulheres advogadas tiveram de lutar muito para se afirmarem na profissão fortemente ocupada pelos advogados homens já aceites como parte da profissão jurídica. Com um quadro mental diferente, as advogadas, com uma ideologia diferente, participaram ativamente na política, desempenhando papéis de liderança na campanha pelo sufrágio feminino e por outras questões de bem-estar social progressivo, incluindo a lei sobre a reforma laboral. Assim, a luta foi travada desde o seu início.

Numa imagem, as mulheres estão sub-representadas na prática privada da advocacia, de acordo com as estatísticas canadianas. Por outro lado, a presença das mulheres como solicitadoras é menor no nosso país e a nível mundial. As tendências das práticas de parceria são particularmente fracas nas pequenas empresas. Isto sugere que, numa profissão dominada pelos homens, como é a profissão de advogado, em que os homens trabalham durante mais tempo, são mais resistentes à alteração dos papéis profissionais anteriormente assumidos por homens e mulheres nas pequenas sociedades de advogados [24,25]. No estudo realizado no Tribunal Superior de Calcutá, muitos dos inquiridos referiram que se tratava de uma "profissão masculina".

Os estudos sobre salários e honorários dos advogados canadianos e as narrativas que recolhi demonstram que existem diferenças substanciais entre os sexos, tanto no Canadá como noutros países. De acordo com os teóricos do capital humano, presume-se que as mulheres advogadas trabalham menos horas e dão prioridade à família em detrimento do trabalho, o que lhes permite empenhar-se mais no trabalho, ao passo que os homens advogados só se empenham mais na família quando passam mais horas a trabalhar fora e a ganhar a vida. Consequentemente, as mulheres advogadas são menos premiadas do que os seus homólogos masculinos. A área de prática e a especialização são frequentemente uma razão para os baixos rendimentos das mulheres advogadas em todo o mundo. As mulheres advogadas estão sobre-representadas nos escalões inferiores da magistratura ou da profissão de advogado. O contorno da mudança estrutural está a ocorrer na profissão de advogado. Os vários escritórios de advogados estão a contratar mais advogados e a manter as mulheres na base da pirâmide, enquanto a autoridade, as políticas de tomada de decisão e o poder estão todos nas mãos de um número reduzido de homens seniores que trabalharam durante anos juntos. As mulheres têm mais facilidade em conciliar as obrigações familiares e o local de trabalho com horários de trabalho limitados e são mais acolhedoras[25].

O narrador n.º 40, de 48 anos, de Kasba, disse: "As mulheres têm obrigações familiares, a carreira a tempo inteiro é difícil, automaticamente as mulheres não conseguem. Ela tem de deixar tudo e trabalhar como os homens".

Mais uma vez, o narrador nº 30 de Dumdum Jawpur disse: "É mais difícil para as mulheres. Porque é uma prática livre, temos de arranjar tempo para construir as nossas

RP (relações públicas). Têm de ser mais bem avaliadas pelos vossos clientes e pelos outros colegas homens, senão os casos não chegam até vós".

As narrativas acima referidas mostram que a gestão do tempo é sempre um fator importante para as mulheres que entram no mercado de trabalho. Assim, em vários estudos, as mulheres mostraram que têm tendência para mudar de emprego sempre que têm melhores opções de trabalho. Verificou-se que as mulheres advogadas estavam mais satisfeitas com os pagamentos que recebiam após o trabalho do que os homens advogados. Este facto sugere uma contradição entre as más condições de trabalho das mulheres e os seus níveis de satisfação. O estudo refere os salários mais baixos, a menor autonomia e a autoridade reduzida na prática da advocacia [26]. É evidente que chegar aos escalões superiores da profissão não é, de todo, uma tarefa fácil para as mulheres profissionais. Foi interessante notar que as mulheres advogadas entraram na profissão em maior número, mas referiram as responsabilidades familiares e a insatisfação geral com a prática da advocacia, enquanto os homens eram mais susceptíveis de referir melhores oportunidades de emprego. Isto mostra que é difícil para as mulheres manterem-se na profissão se não estiverem empregadas, porque a prática individual exige muito tempo. De acordo com a Canadian Bar Association, 1993 (p74), os relatórios revelam que a grande maioria das mulheres advogadas enfrenta barreiras à progressão na carreira. Este facto é evidenciado nos padrões de acesso a artigos, empregos, acesso a áreas de prática jurídica, atribuição de trabalho, remuneração e acesso a parcerias. É este o quadro que se verifica também noutros locais e que é confirmado pelas narrativas recolhidas para este estudo aqui em Calcutá.

Quadro 4: Tendência dos advogados para mudarem o seu tipo de trabalho

Número total de mulheres juristas ao serviço	Número de mulheres advogadas que passaram da prática individual para o emprego	Número de mulheres advogadas que têm um ou mais membros da sua família que exercem a profissão de advogado

16	2	28

O Quadro 4 dá-nos uma imagem clara de que 63,33% das mulheres advogadas têm pelo menos um membro na mesma profissão. Trata-se de uma grande vantagem para uma jovem advogada que recebe o apoio inicial da família. A câmara construída é outra ajuda para elas, com a qual muitos inquiridos concordaram no estudo. Pelo contrário, verifica-se que menos de 30% das mulheres advogadas que não têm antecedentes estão a exercer a profissão. As duas mulheres que passaram para o sector dos serviços admitiram que não conseguiam fazer face às suas despesas, apesar de dedicarem todo o seu tempo e energia. Consideram que, se tivessem uma formação académica, teria sido mais fácil para elas.

Existe uma enorme ligação entre os pressupostos ocultos sobre o funcionamento das leis da nação e os papéis sociais dos homens e das mulheres. Foi interessante referir o que Mossman[27] cita no trabalho de Kay[24], "estes dois pressupostos "ocultos" constrangem as "escolhas" disponíveis para as mulheres advogadas, em contraste com os advogados do sexo masculino, criando uma experiência de género dos advogados: as mulheres advogadas fazem "escolhas" sobre o trabalho e a família no contexto de pressões não enfrentadas pela maioria dos advogados do sexo masculino, "escolhas" que não ocorrem num contexto neutro ou igual" [27]. Não se pode negar que o meio da carreira é uma fase particularmente interessante para as mulheres profissionais, porque é frequentemente o período durante o qual se esforçam por conciliar os filhos e as expectativas relacionadas com o seu elevado desempenho profissional. Assim, pode facilmente afirmar-se que as carreiras das mulheres profissionais sofrem sobretudo devido às suas obrigações familiares, o que muitas vezes actua como uma das maiores barreiras à participação igualitária das mulheres na força de trabalho remunerada.

De acordo com as "explicações do lado da oferta" dadas pela teoria do capital humano, os homens e as mulheres escolhem empregos diferentes devido à divisão do trabalho já existente na família em função do género [28]. As mulheres tendem a dar prioridade à família em detrimento da sua carreira e prevêem que esta responsabilidade limitará o seu envolvimento em qualquer tipo de trabalho remunerado. A parte mais estranha é que as mulheres que ainda conseguem provar que estão ao mesmo nível dos seus colegas masculinos, ultrapassando todos os tipos de preconceitos de género, são generalizadas, sendo-lhes dito que também ignorariam o seu trabalho por causa da família. Este facto provoca-lhes um retrocesso e são submetidas a testes contínuos e dificilmente conseguem estabelecer a sua fiabilidade no seu âmbito de trabalho. Assim, automaticamente, as expectativas em relação à sua carreira levam homens e mulheres a investir de forma diferente na educação, na formação e nas tarefas relacionadas com o trabalho.

A resposta dos meus inquiridos em relação aos seus conselheiros seniores mostrou que poucos deles conseguiram encontrar uma mulher sénior. Muitos afirmaram que têm muito poucas conselheiras sénior que possam admirar. Tal como a narrativa indica:

O narrador n.º 40 disse: "Que eu saiba, no Tribunal Superior de Calcutá não há mulheres advogadas sénior".

O narrador n.º 30 de Dumdum disse: "As mulheres querem estabilidade e os primeiros anos de prática não dão isso. Depois, as raparigas têm o seu casamento e filhos. Elas precisam de se estabelecer antes disso. Sem um passado é difícil".

O narrador n.º 47 disse: "As advogadas ou juízas dos tribunais superiores são nomeadas com base na experiência. A experiência para lidar com os desafios e as suas potencialidades é aprovada quando são nomeadas juízas e não com base em qualquer exame, como acontece nos tribunais inferiores. Dificilmente existem mulheres a esse nível superior que consigam obter essa distinção ou desenvolver essa relação pública para obter a nomeação dos seus colegas do sexo masculino, porque eles são muitos".

Isto dá, de facto, a ideia de que é muito dependente dos outros, ou especificamente dos colegas homens, determinar a capacidade e a potencialidade de uma pessoa. Isto mostra como a sua posição simbólica é uma posição perturbadora para as mulheres. Elas estão sempre sob o sistema de avaliação, que é silencioso e subtil e que está totalmente nas mãos dos colegas homens que as nomeiam para se tornarem juízes. Jacobs referiu, em 1989, nas suas explicações do lado da procura, que muitos cientistas sociais se concentram na discriminação que permeia o percurso das mulheres no momento da sua entrada na profissão, enquanto para outros a discriminação gera desigualdade após o ponto de entrada[28]. Explicando melhor esta questão, Jacobs, em 1989, utilizando a metáfora das "portas giratórias", argumentou que as mulheres com formação académica aumentaram as suas possibilidades de experimentar um elevado grau de mobilidade. Esta mobilidade não as limita a entrar em profissões neutras em termos de sexo ou dominadas por mulheres, ou mesmo em qualquer profissão dominada por homens. Assim, a questão fundamental é que a mulher eficiente e instruída não está impedida de entrar e continuar a trabalhar numa profissão dominada por homens, como a advocacia. Por outras palavras, as mulheres podem entrar em profissões altamente remuneradas e dominadas pelos homens, mas as forças coercivas subtis e incontáveis incorporadas no sistema dos seus locais de trabalho vão gradualmente adaptando-as, restabelecendo uma vez mais a "rede dos velhos rapazes" nos escalões superiores da profissão. De acordo com Epstein e outros, no seu trabalho de 1999, as mulheres profissionais eficientes enfrentam muitas hostilidades no seu local de trabalho e deparam-se com tectos de vidro que frequentemente as obrigam a abandonar as suas actuais atribuições profissionais e as forçam a passar a trabalhar a tempo parcial ou com pouco prestígio.

A narrativa de uma mulher advogada (n.º 44) refere especificamente que "quando as advogadas se tornam gradualmente mais fortes, quando as pessoas começam a conhecê-las, só então as mulheres advogadas são cercadas pelos grilhões das responsabilidades em casa, ou seja, ficam quase presas no meio dos filhos e de outras obrigações familiares. Mas os homens continuam a florescer na mesma altura e idade na profissão e fortalecem ainda mais as suas bases quando as mulheres advogadas capazes são deixadas para trás na corrida". A discriminação subtil e aberta levou as mulheres advogadas a mudarem de idade ou a enfrentarem problemas reais na obtenção de casos quando quiseram retomar as suas carreiras após o parto. Muitas queixam-se de terem sido obrigadas a reduzir o seu horário de trabalho nas suas secções após o parto, enquanto a vida profissional dos seus maridos nunca foi afetada. Muitas tiveram de renunciar a vários casos lucrativos apenas porque não podiam sair da esquadra deixando os filhos para trás, o que a maioria dos homens não recusa.

Quadro 5: As mulheres e a restrição às digressões profissionais

Número total de mulheres advogadas	Número de mulheres advogadas que recusam o circuito profissional	Número de mulheres advogadas que não se recusam a participar em circuitos profissionais	Número de mulheres advogadas a quem nunca foi proposto efetuar digressões profissionais
60	20	15	25

É surpreendente notar, a partir da tabela, que apenas 58,33% do universo total em estudo foi convidado a viajar em digressões profissionais, quer pelos seus clientes, solicitadores, superiores hierárquicos ou pelos respectivos escritórios de advogados, para resolver questões importantes. Isto sugere que as mulheres advogadas se sentiam seguras por ficarem na sua cidade natal quando os seus homólogos masculinos iam em digressões com assuntos difíceis. Por conseguinte, o âmbito de aplicação é limitado às mulheres advogadas. Dos 35 inquiridos a quem foi proposto viajar em trabalho, apenas 42,85% concordaram em fazer tais viagens. Isto mostra que mais de 50-50% da pequena população não queria viajar em trabalho. Isto cria uma visão generalizada para todas as mulheres advogadas de que têm problemas em fazer viagens profissionais, restringindo o seu crescimento profissional e abrindo mais caminhos para os seus homólogos masculinos, o que muitas vezes inclui as mulheres que se sentem à vontade para viajar.

Tal como citado por Young e Wallace em 2009[29], as competências e a formação são sempre mais valorizadas por muitos empregadores e clientes quando se trata de trabalhar em múltiplos contextos de trabalho e os homens podem facilmente adquiri-las porque não têm obrigações familiares prioritárias como as suas homólogas femininas. Este facto diminui certamente a sua possibilidade de serem mais valorizados no seu local de trabalho, reduzindo assim os seus honorários ou salários. Isto também os coloca subtilmente numa situação em que têm de aceitar casos menos difíceis, reduzindo igualmente a sua oportunidade de provar as suas capacidades.

Desenvolver a relação com o público nesta profissão é muito importante. Por isso, as festas, os clubes e várias outras formas de convívio são comuns nesta profissão, sobretudo no caso dos que exercem a título individual. As mulheres advogadas não são muito assíduas nessas reuniões devido às suas obrigações familiares. Isto remete para a teoria do capital social e refere-se aos recursos que podem acumular no seu processo de socialização e de criação de redes, sob a forma de conhecer e interagir com um maior número de pessoas de diferentes comunidades [30,31]. Os trabalhadores acabam por usufruir dos frutos do apoio, das oportunidades e dos recursos sob a forma de experiência do capital social. Isto, por sua vez, aumenta a sua produtividade [25,29,32]. Dá-lhes a oportunidade de fazer e ser diferentes e de serem aceites como diferentes. Nesta referência, Epstein, em 1995, refere-se a "rainmaking", em que, sob a forma de actividades sociais, ocorre a angariação de clientes profissionais. Trata-se de um processo muito importante para os advogados. As mulheres advogadas são menos vistas em tais encontros e, consequentemente, ficam para trás no seu processo de "rainmaking", o que as torna de facto menos visíveis e se generaliza a ideia de que são arriscadas em assuntos difíceis devido às suas obrigações familiares. Os dados do estudo são apresentados no Quadro 6.

Quadro 6: Razões para a dificuldade de "fazer chover" das mulheres advogadas:

Nas leis	Marido	Crianças	Tarefas domésticas	Questões de saúde
10	1	27	20	4

O quadro sugere que, embora seja um facto conhecido que "fazer chover" é uma atividade primordial na vida dos advogados, esta permanece submersa na vida das advogadas devido a várias razões inevitáveis da sua vida. O maior número de advogadas com filhos revelou que os filhos eram a razão para não participarem em festas e reuniões após as longas horas de trabalho no tribunal, porque queriam dar tempo aos filhos após o dia de trabalho.

Tem sido comummente assumido e depois estabelecido em alguns estudos que o tempo despendido pelas advogadas casadas é superior ao das que não são casadas. É comum pensar-se que a produtividade no trabalho é afetada pelo estado civil, porque este acrescenta responsabilidades às advogadas[33]. Muitas vezes, o tempo consagrado aos cuidados com os filhos constitui uma intrusão nas responsabilidades no local de trabalho. De acordo com as expectativas normativas em matéria de género, espera-se que as mulheres passem mais tempo a cuidar dos filhos do que os homens. De igual modo, até este estudo revelou o mesmo cenário nesta parte do mundo. Assim, em todo o mundo, espera-se que as mulheres desempenhem determinadas tarefas em comum, independentemente da sua classe, formação académica ou mesmo raça em geral. As narrativas do meu estudo mostram como isso é tão importante e, certamente, ainda mais no caso de crianças recém-nascidas ou quando são realmente bebés. As narrativas foram as seguintes:

44 anos (Narrador nº 48) de Kasba disse: "Tirei uma licença de um ano. Não podia trabalhar muito por causa do meu bebé. Ele precisava de mim. Por isso, qualquer trabalho que tivesse, arranjava-o. Nunca fui muito carreirista".

41 anos (Narrador n.º 17) de Jawpur disse: "Tive de voltar à creche entre as horas de expediente do tribunal sempre que podia. Consegui mantê-lo numa creche perto do meu escritório. Eu sabia que tinha de trabalhar devido ao problema cardíaco do meu filho desde o seu nascimento. Precisávamos de muito dinheiro, mas nunca o quisemos deixar".

O narrador n.º 26 de Saltlake diz: "Durante os exames dele, tiro férias do meu trabalho. Não lhe posso dar muito tempo, mas estou sempre a par de todos os seus progressos".

Nesta conjuntura, a ideologia da "maternidade intensiva" referida por Palkovitz [34] enfatiza exatamente esta expetativa de género, seguida da expetativa do padrão de maternidade e, certamente, que é demorado e abnegado. É um contraste gritante com a "mentalidade independente, egocêntrica e orientada para o lucro do local de trabalho, que incentiva a produtividade e o sucesso financeiro" [29]. Os estudos mostram que o anúncio da gravidez é uma questão delicada e grave de aceitação na profissão. As mulheres advogadas são objeto de discriminação, que se manifesta sobretudo nos casos de contratação e de atribuição de processos importantes e difíceis. Este facto confirma silenciosamente as crescentes probabilidades de impedir uma mulher advogada de subir na hierarquia profissional. Pelo menos até ao momento em que os seus filhos crescem. Assim, tendem a perder todos os seus importantes anos de investimento na profissão e as suas hipóteses ficam automaticamente limitadas.

O preconceito de género que é percebido contra as mulheres pode ser como o "sinal situacional" que pode aumentar o seu sentimento de pertença e probabilidade com base na sua pertença ao grupo. Referem-se à sua situação como "nossa", independentemente das suas origens. Assim, o período de gravidez é alarmante para as mulheres advogadas.

A parte mais alarmante da mudança profissional é quando a meritocracia competitiva se sobrepõe à meritocracia hipercompetitiva. Esta não se limita ao poder da excelência, mas está agora a conduzir à discriminação. É certamente correto constatar que o número crescente de mulheres advogadas que ingressam na profissão jurídica está a demonstrar os seus conhecimentos, mas a concretização da igualdade entre homens e mulheres ainda está por fazer. A ideologia profissional tipicamente masculina é frequentemente responsável por este teto de vidro persistente. Os numerosos estudos comprovam o facto de que o número de mulheres advogadas não prova a igualdade de género, porque a realidade é sempre diferente. Isto deve-se ao facto de as mulheres advogadas estarem maioritariamente concentradas nas áreas de prática de baixo estatuto e continuarem sub-representadas no trabalho jurídico de alto estatuto. É interessante notar que os sacrifícios da carreira das mulheres não se devem apenas a elas, mas que os empregadores e os decisores públicos são responsáveis por facilitar os inconvenientes para elas e para a sua família.

O narrador nº 13 disse: "Temos algumas reservas de quotas em caso de admissão ou de emprego. Isto ajuda certamente a aumentar o número de mulheres advogadas, mas a sua potencialidade é muitas vezes posta em causa pelos homens, porque fomos absorvidas pela quota". É um pressuposto comum que as mulheres seriam incapazes de dar essa sinceridade e meticulosidade ao seu trabalho para além da sua família. Para corroborar a narrativa anterior, Wild observa que as mulheres advogadas não são consideradas merecedoras de qualquer tipo de investimento em orientação e formação como os seus colegas homens. Assim, os estereótipos de género funcionam negativamente para as mulheres. São-lhes atribuídas tarefas burocráticas, mais do que outras tarefas jurídicas no processo. A presunção de indisponibilidade nos "momentos cruciais", ou seja, nos fins-de-semana, feriados ou noites tardias, deve-se ao facto de se acreditar que dão prioridade à família em detrimento da prática jurídica, o que torna a situação mais problemática para as advogadas.

Muitas advogadas reconhecem que a sua ausência das instalações do tribunal pode fazer com que sejam esquecidas pelos seus colegas e clientes, pelo que a sua presença é muito importante. Assim, a ausência que lhes é muitas vezes inevitável deve-se à gravidez ou à criação dos filhos. Muitas narrativas confirmaram, durante o estudo, que era vantajoso para elas ter o cônjuge na mesma profissão. Isso mantinha-as ligadas aos seus clientes e aos seus briefs. Isto mostra que existe uma necessidade de "estágios de regresso inovadores" para as mulheres advogadas. Foi localizado no Reino Unido.

Os estudos demonstraram que as advogadas experientes que tiraram licenças de carreira durante um ano sugeriram a muitas outras que as tirassem de forma planeada. Para que o seu regresso ao mercado de trabalho seja confortável, muitas advogadas sugeriram também a manutenção de redes de contactos. Novos relatórios sugerem que a elevada taxa de desgaste se deve à rigidez dos horários de trabalho e, muitas vezes, à falta de creches para as advogadas regressarem ao seu local de trabalho após o parto. De acordo com os dados recolhidos desde 1962, as mulheres "advogadas sénior" eram apenas 5 das 397 designadas como "advogadas sénior". Hoje em dia, o rácio mudou, mas é muito mais elevado em comparação com o passado, mas a taxa real é ainda baixa. Existem requisitos políticos no local de trabalho para o exercício da paternidade e da maternidade, mas estes não existem no nosso país. Este facto implica automaticamente uma interrupção na progressão da carreira. As políticas não conseguem dar resposta às necessidades da parentalidade no local de trabalho, o que se torna um desafio para as advogadas em vários casos. A discriminação em razão do género é gravemente sentida pelas advogadas que são mães e que se queixaram, no relatório Rainmakers, de que uma grande percentagem delas se deparou com perguntas sobre o seu estado civil e, depois, sobre a sua maternidade, o que, em muitos casos, afectou a sua carreira.

Os dados resultantes da investigação efectuada pelo Partido Trabalhista em 2013 sugerem que cerca de 50000 advogadas foram forçadas a abandonar os seus empregos devido à licença de maternidade que tiveram de gozar. Sempre com o enfoque na interrupção da carreira das advogadas, a individualidade de cada uma é posta em causa aquando do desempenho das suas funções.

As fontes secundárias que se referem a um relatório de inquérito mencionam que as mulheres com formação profissional abandonam a sua profissão com muita relutância, como último recurso para cumprirem as suas responsabilidades na prestação de cuidados e na educação dos filhos. O relatório do inquérito sugere que o abandono da sua carreira acabou certamente por resultar numa carreira menos bem sucedida para as advogadas. Demonstra, sem dúvida, que as responsabilidades de cuidar dos filhos acentuam as diferenças de papéis entre os géneros, muito pertinentes na sociedade, apesar de existirem outras razões. Vários investigadores concluíram que existem mitos sobre as expectativas de carreira das mulheres profissionais, que se generalizaram em muitos contextos. É evidente que isto afecta as oportunidades de carreira das mulheres profissionais. As normas sociais antigas e os profissionais seniores do sexo masculino sentenciam frequentemente que as mães que são profissionais não valorizam a sua carreira em relação aos homens em geral e que não preferem trabalhos desafiantes ou de alto nível. Há mulheres profissionais que sempre deram prioridade à sua carreira em detrimento das suas obrigações familiares. Apesar disso, a ideia generalizada de que as mulheres devem dedicar-se totalmente ao trabalho afecta a progressão na carreira das advogadas de forma holística e universal. O relatório do Conselho de Direito de 2014 conclui que, uma vez que as mulheres profissionais tenham sido "seguidas pela mamã", é sempre difícil voltar a encontrar casos desafiantes. Isto leva a que se aborreçam com o seu trabalho e comecem a optar por trabalho a tempo parcial ou abandonem a profissão ou mesmo evitem contestar o outro oponente, bem como advogados de várias matérias.

Uma inquirida afirma: "Eu... optei por deixar a prática privada e a advocacia (pelo menos por agora)", conclui. "Admiro verdadeiramente todos vós que conseguiram conciliar a carreira e a família e não invejo o desafio que é tentar fazer tudo bem"[35]. A mulher é obrigada a fazer tudo, ou seja, pelo seu filho e depois pela sua carreira. No domínio do contencioso, é difícil retomar a carreira após uma interrupção. Estudos demonstraram que as advogadas competentes, após uma interrupção, se sentem aliviadas quando voltam a trabalhar a tempo parcial em matéria de contencioso. Isso deve-se exclusivamente ao facto de a ajudar a equilibrar o trabalho de advogada e de mãe.

Rosenberg considera que uma nova tendência entre as novas mulheres profissionais indica que elas podem trabalhar sob pressão e conformar-se com a autoridade. A pressão, o modo de socialização e as ideologias equipararam agora a neutralidade política ao profissionalismo e, por isso, muitas mulheres desenvolveram assimilações e abordagens individualistas dos seus papéis profissionais. Assim, concentram-se nas estratégias individuais para serem bem sucedidas, independentemente dos obstáculos sistemáticos que possam encontrar. (Perlstadt, Phillips e Rosenberg 1993) Por conseguinte, a orientação profissional destas mulheres revela relutância em denunciar ou reconhecer a existência de sexismo no trabalho.

Apesar deste baixo crescimento, a teoria do contacto social oferece uma abordagem diferente para analisar o stress da vigilância e as pressões sobre o desempenho das mulheres. A existência de um maior número de mulheres gestoras traduzir-se-ia num maior equilíbrio entre os sexos nos escalões superiores das diferentes organizações. Deste modo, as mulheres gestoras devem ser capazes de formar coligações e redes de apoio que aumentem as hipóteses de progressão na carreira feminina. (Dreher 2003)

Mehra, Kilduff e Brass (1998) concluíram que a marginalização das minorias raciais nas redes de amizade resultava, em grande medida, das preferências dos próprios indivíduos das minorias por amigos da mesma raça. (Bacharach et al. 2005) O mesmo se aplica às mulheres em certos casos em que têm dificuldade em entrar no grupo maioritário dos homens e os homens mostram relutância em aceitá-las de todo o coração no seu grupo principal. As relações de intimidade e de apoio entre pares podem ser benéficas para as organizações com uma força de trabalho demograficamente diversificada. É por esta razão que as organizações que procuram a diversidade dos trabalhadores o fazem frequentemente para melhorar o seu capital e aumentar a taxa de produção. Por outro lado, com a crescente heterogeneidade da força de trabalho, há uma maior probabilidade de interação casual entre grupos e de diminuição dos estereótipos no futuro.

Atualmente, as mulheres são formalmente aceites na profissão jurídica. Atualmente, há cada vez mais mulheres advogadas e juízas. É importante referir que, atualmente, existe igualdade de oportunidades em termos de educação em relação aos homens, mas isso não é verdade quando se trata de posições de poder ou de liderança. Há vários estudos em que os académicos de todo o mundo referem a ausência de mulheres nos lugares de topo do poder. A situação também não se alterou drasticamente. Há várias documentações a este respeito em que algumas mulheres conseguiram quebrar o teto de vidro. Esses casos contribuíram para o seu sucesso, mas não foram capazes de mudar o cenário para as mulheres em todas as profissões de forma holística. Continuam a ser vítimas de preconceitos e estereótipos baseados no género. A entrada das mulheres na profissão jurídica foi considerada uma questão de tempo. Por conseguinte, pode concluir-se que o problema da não aceitação das mulheres na profissão, que se refere ao típico "problema das mulheres", foi resolvido. As mulheres com excelência estão agora a subir a escada com o seu número crescente no campo, o que está certamente a concretizar o facto da igualdade. Mesmo assim, as mulheres são em número reduzido quando se trata da sua presença no órgão de decisão que está no topo. A sua representação é então apenas "simbólica". Rhode refere o problema para além da inclusão formal das mulheres em todos os domínios da profissão. Refere-se ao "fechamento de género" que "permaneceu após o desaparecimento da exclusão explícita das mulheres".

O PAGAMENTO DESIGUAL

Vários estudos mostram, em diversos contextos, como os pagamentos variam em função do género. Esta diferenciação do género, quando ultrapassa o âmbito da diferença única e cria uma comparação entre os dois sexos, não se limita à diferença biológica. A partir daí, tornou-se uma causa de discriminação. O efeito desta discriminação verifica-se em caso de disparidade no que respeita à remuneração. Os preconceitos socialmente construídos afectam as mulheres profissionais e o seu impacto varia em todo o mundo, dependendo da sua cultura. Na Índia, 6 em cada 10 mulheres declararam não sofrer discriminação no que respeita à remuneração.

A participação das mulheres tem aumentado nas últimas décadas, mesmo quando existe uma tendência para a desigualdade de remuneração em vários países. Verificou-se que a China tem até 70 por cento de mulheres empregadas, enquanto as mulheres estão na fila de espera com 27 por cento apenas em 2014, de acordo com a Organização para a Cooperação e o Desenvolvimento Económico (OCDE). Também foi alarmante verificar que as mulheres na América estavam apreensivas quanto à igualdade de remuneração[38].

A ideia do teto de vidro surgiu em 1986 no artigo do "Wall Street Journal" intitulado "Corporate Women". A preocupação prende-se com o facto de as mulheres serem discriminadas, apesar das suas potencialidades, nas posições de topo do seu local de trabalho ou de qualquer órgão de decisão, devido à falsa impressão de que as mulheres são líderes ineficazes devido a um estilo estereotipado de interação "gentil" com as pessoas, que é frequentemente considerado inadequado para as posições de liderança. Embora a proporção de mulheres em cargos de gestão de nível inferior e intermédio tenha aumentado drasticamente, a subida das mulheres aos cargos de topo continua a ser limitada. As estatísticas e a legislação demonstraram que a discriminação com base no género é menor do que em épocas anteriores. Por conseguinte, o foco da investigação e de várias documentações deixou de ser a razão pela qual as mulheres não são contratadas e passou a ser a forma de discriminação que impede as mulheres de serem promovidas aos escalões superiores das várias organizações. O teto de vidro aborda o problema da existência de uma linha ténue de demarcação entre os que prosperam e os que são deixados para trás na linha do sucesso. Com a evolução da composição da força de trabalho, criou-se uma preocupação com as experiências de opressão e de teto de vidro, especificamente para as mulheres. As mulheres deparam-se com uma dicotomia em que se confrontam com as pressões cruzadas no seu papel de liderança. Isto deve-se ao facto de se esperar que os líderes sejam masculinos e duros mas, enquanto mulheres, não devem ser "demasiado másculas" (Colton, Daly e Shruwager 2011). Por conseguinte, uma das principais preocupações das feministas é centrar-se no impacto do novo problema do teto de vidro na crescente diversidade da composição da força de trabalho.

A violação de qualquer norma social, a transgressão das normas prescritivas por parte das mulheres ao serem bem sucedidas no trabalho do género masculino inspira reacções negativas, em grande parte sob a forma de desaprovação social. As posições das feministas mostram como o influxo de mulheres aumentou nas profissões não tradicionais. Isto mostra ainda como o "papel sexual" ou as expectativas de um sexo "transbordam" para o local de trabalho, quando os homens tratam as mulheres ainda como esposas, filhas ou mães, dificultando a progressão na carreira das mulheres. Os comentários sobre a aparência das mulheres e o facto de se dirigirem a elas informalmente no local de trabalho diminuem e minam o seu estatuto profissional e a sua eficácia. Assim, não se pode ignorar que os diferentes resultados de carreira não se devem ao resultado das escolhas profissionais de cada um, mas também às políticas de contratação e às decisões sobre a afetação de postos de trabalho das várias organizações. Os homens são recrutados para cargos não só com salários lucrativos, mas também com possibilidades de crescimento na carreira. Muito poucas mulheres têm acesso a situações semelhantes às dos homens, com salários igualmente elevados e lucrativos, mas as suas possibilidades de crescimento não são iguais às dos homens. As políticas de contratação das várias organizações de trabalho fomentam este tipo de discriminação. A diferença salarial tem sido fundamental para despertar a consciência de que não se trata apenas de uma discriminação na remuneração. Reflecte também uma diferença de rendimentos baseada no sexo. A participação ao longo da vida ou a experiência de uma pessoa, a participação atual ou o número de horas que se dá num dia e a natureza da participação ou o carácter do trabalho de uma pessoa são os atributos importantes para fomentar esta diferença. (McNabb e Wass 2006) As interrupções de carreira das mulheres ou o seu recuo gradual em relação ao momento culminante da sua progressão na carreira têm muitas vezes actuado como uma barreira à obtenção desses atributos. Obviamente, isso diminui as hipóteses de taxas de promoção iguais entre homens e mulheres. Estas taxas de promoção diferenciadas são uma fonte importante de disparidades salariais e, por conseguinte, o processo de promoção é baseado no sexo.

É importante revelar que o teto de vidro não é um fenómeno que se relaciona apenas com a promoção e a progressão. Refere-se às barreiras inter-relacionadas que levam as mulheres a fazer escolhas diferentes das dos seus colegas homens. Esta limitação afecta as decisões da sua vida pessoal e profissional. A forma mais subtil de discriminação que as mulheres que exercem a profissão de advogada sentem é a atitude e a perceção que os outros têm delas no local de trabalho e mesmo fora do âmbito do local de trabalho. As mulheres consideram que as responsabilidades familiares são principalmente suas e não dos seus cônjuges, mesmo que estes as ajudem. Assim, o impedimento para elas é a falta de creches para os filhos e a sua aceitação de trabalhar em oportunidades de emprego a tempo parcial. Esta situação impede-as de entrar na profissão de advogada.

A ideologia profissional está a mudar. A ideologia profissional orientada para os homens é uma razão comum que actua como uma barreira para as mulheres no seu percurso de progressão na carreira. Muitas mulheres advogadas consideram que, com o tempo, o grave problema da desigualdade só será atenuado em grande medida quando se registar um aumento do número de mulheres advogadas nos escritórios de advogados. O problema surge quando os académicos associam o problema do teto de vidro a uma síndrome de "não-problema", referindo-o apenas como uma "questão de mulheres". A importância da questão perde-se porque a preocupação deixa de ser universal. A marginalização ocorre subtilmente aqui e diminui o discurso quando o problema do teto de vidro é considerado apenas uma "questão de mulheres", destacando-o como um problema de uma minoria. É interessante notar como se deu a mudança das mulheres do âmbito da "abertura de portas" para o "teto de vidro". A luta inicial das mulheres advogadas começou na década de 1970, quando a primeira geração de advogadas abriu finalmente as portas fechadas do exercício da advocacia. Depois, entraram na fase seguinte da luta, ou seja, o teto de vidro.

Vários estudos indicam que os primeiros anos da profissão de advogada são mais difíceis para as mulheres. Existem alguns casos de sobreavaliação e de luta para as advogadas, embora esta situação diminua com a sua experiência. Muitas advogadas afirmaram ter abandonado a profissão devido à barreira cultural típica e às presunções de muitos colegas homens que não as querem incluir na profissão. Esta situação afecta o moral das advogadas. Isto afecta os cinco anos iniciais, que são cruciais para a sua sobrevivência na profissão. O presente estudo centra-se nas advogadas com mais de 10 anos de antiguidade na profissão. São elas que conquistaram um lugar na profissão, mas que, comparativamente, ganham menos do que os seus homólogos masculinos contemporâneos.

Os estudos confirmam que a remuneração é uma dura realidade com que se deparam frequentemente as mulheres empregadas ou as profissionais. Segundo Nedelac, as mulheres na casa dos 20 anos tendem a ganhar mais do que os homens, mas com o tempo o cenário muda. Sofrem uma interrupção na sua carreira ou, com o passar do tempo, vêem aumentar a diferença salarial. Nedelac considera que há duas razões para isso, nomeadamente a criação dos filhos na casa dos 30 anos e a generalização da questão de saber se a mulher será ou não capaz de gerir e equilibrar a sua vida profissional e pessoal. Esta situação faz com que as advogadas se sintam pressionadas a abandonar o mercado de trabalho. Para além disso, outra razão é o facto de as mulheres trabalharem na mesma plataforma durante muito tempo, porque são menos promovidas a cargos superiores. É importante que muitas mulheres juristas seniores, que precisam de ser populares e nomeadas para cargos mais elevados, como o de juízas, façam parte de certos clubes. A visibilidade das mulheres é aí restringida. Esta forma subtil de seleção é conduzida pelos homens mais velhos e bem sucedidos. Para muitos, o processo de seleção das mulheres para os cargos mais elevados, como no caso dos juízes, exige que sejam conhecidas em determinados clubes. Em muitos casos, as mulheres são vistas em menor número nos escalões superiores da profissão jurídica, porque os homens preferem optar por colegas do sexo masculino para lhes dar mais privilégios.

Para as mulheres advogadas, é muitas vezes um malabarismo conseguir um equilíbrio entre a vida profissional e a vida familiar. Isso deve-se sobretudo ao facto de os advogados a solo exigirem muito tempo para a sua profissão, o que, por vezes, as advogadas não conseguem fazer. É verdade que o número de mulheres advogadas está a aumentar na profissão jurídica, mas o outro lado da questão continua a não ser tido em conta. O outro lado confirma que uma boa percentagem das mulheres advogadas está também a abandonar a profissão. Amy McLellan descobre algo realmente diferente. Segundo ela, em 2010, 62,7% das mulheres eram advogadas estagiárias. Este rácio é decisivamente alterado para o outro lado quando estas jovens estagiárias sobem na hierarquia superior e adquirem experiência e consequente especialização.

A taxa crescente de mulheres advogadas também aponta para a mudança na estrutura familiar das mulheres profissionais. Estas tendem a renunciar ou a adiar o nascimento dos filhos. O malabarismo entre o trabalho, o casamento e os filhos continua a não ser um trabalho de homem. Por isso, a "falta de tempo" para uma mulher litigante é uma verdade. Assim, em muitos casos, a maternidade parece ser prejudicial para a ascensão na carreira e, sobretudo, para as perspectivas de parcerias jurídicas. O abandono da profissão para criar os filhos é tratado como uma "saída voluntária". A este respeito, Donovan afirmou que "a razão mais notória para as mulheres abandonarem [uma empresa] é a maternidade". (Belkin 2003, et al, citado por Adjei, 2013) A este respeito, os dados recolhidos para este estudo não localizaram nenhuma inquirida que tenha abandonado a profissão, exceto duas que aceitaram empregos, e todas as advogadas que são mães na sua vida pessoal fizeram pausas na carreira, mas retomaram o seu trabalho. As fontes secundárias referem a sua vulnerabilidade ao abandono do emprego.

A entrada das mulheres no mundo do trabalho é diferente da dos homens e o mesmo acontece com as políticas de trabalho concebidas a favor dos homens. A sua "masculinidade"[11] separa-as e liberta-as das obrigações familiares que as mulheres profissionais não podem evitar. Foi aceite que as relações interpessoais afectivas na família são uma prioridade.

---

11 A palavra refere-se às expectativas sociais que se tem em relação a um homem e refere-se ao tipo de profissão que se espera e que se vê na maioria dos homens.

CONCLUSÃO

O casamento tem sido um problema comum a todos os profissionais que pretendem exercer a profissão de advogado. A interrupção da carreira é uma experiência comum a todas as mulheres que têm filhos. Os dados recolhidos mostram que todas as profissionais que tiveram filhos fizeram uma pausa de um ou dois anos durante o parto e algum tempo depois. A natureza concedeu às mulheres a capacidade de dar à luz, mas essa não pode ser a identidade exclusiva de uma mulher. Os dados mostram como as mulheres na profissão lutaram para manter a sua identidade como advogadas. O seu nível de empenhamento e de dedicação de tempo diminuiu em várias ocasiões, mas são confrontadas com um menor número de dossiers. Os melhores colegas na mesma profissão provaram ser úteis para muitas advogadas. Assim, as obrigações familiares tornam-se maiores com a união conjugal e ainda mais depois de terem filhos.

A divisão do trabalho em função do género reflecte a execução cultural da masculinidade, o que aumenta as oportunidades de crescimento na carreira profissional. Os homens são sempre preferidos para trabalhar durante longas horas e com imensas responsabilidades, e o seu trabalho em casa pode ser esquecido sob este juízo. Por outro lado, as mulheres não são aceites de todo da mesma forma. Apesar disso, as mulheres estão a desafiar a chamada tendência masculina "natural" no local de trabalho e esperam que as relações de género no local de trabalho sejam mais igualitárias.

É importante referir que o problema que as mulheres profissionais enfrentam atualmente era algo inevitável. Este problema estava guardado no pipeline. Partiu-se sempre do princípio, erradamente, de que com o aumento dos números o problema estava completamente resolvido. As lutas pela independência das mulheres foram sempre desafiadas pelas normas sociais. Os papéis de género prescritos modulam subtilmente a vida das mulheres, quer trabalhem nas esferas pública ou privada da vida. O trabalho fora das suas tarefas domésticas é um dever acrescido para a mulher em geral. O estudo mostra que, numa profissão tipicamente dominada pelos homens, as mulheres advogadas estão a incorporar-se gradualmente no Conselho da Ordem dos

Advogados da Índia, com um número cada vez maior de advogados. Os ajustamentos de papéis que as mulheres estão a fazer são dignos de nota.

Apesar de os homens continuarem a estar em grande número em todas as profissões, a esperança é que a tentativa das mulheres de se aproximarem do equilíbrio esteja em curso. Para concluir o exemplo sedutor, talvez seja mais fácil aceitar as mulheres como médicas. As mulheres médicas poderiam explicar que estavam, de facto, a alargar o papel de cuidadoras e curadoras das mulheres, mas a entrada das mulheres advogadas levou necessariamente a agenda da igualdade das mulheres ao seu potencial máximo. No final do século XIX, existiam trezentas advogadas nos EUA. Em 1897, o jornal "Illustrated London News" referia que "The lady lawyer meets us here , there and everywhere" (Mossman, 2010). Talvez este seja um grande desafio para quebrar completamente o teto de vidro no futuro, com a entrada de mais mulheres nos órgãos de decisão das várias áreas de trabalho, incluindo o sistema judicial.

REFERÊNCIAS

1   . The 'Lectric Law Library. What Lawyers Need to Know About Gender Bias in the Legal Profession. http://www.lectlaw.com/files/att06.htm. Acedido em 09/12/15

2   . Nedelac, A. G. (2007). Discriminação contra as mulheres advogadas em Inglaterra e no País de Gales: An Overview. *Gender Forum- An Internet Journal for Gender Studies*, Issue 17

3   . Slotkin, J. (2002). Devia ter aprendido a cozinhar? Interviews with Women Lawyers Juggling Multiple Roles [Entrevistas com Advogadas que Fazem Malabarismos com Múltiplos Papéis]. *California Western School of Law-CWSL Scholarly Commons,* Paper 135, pp.153 .

4   . Hamade, D. (2011). As advogadas dos Emirados continuam a lutar contra velhos estereótipos. *The National-Opinion.*

http://www.thenational.ae/thenationalconversation/comment/female-emirati-advogados-que-ainda-lutam-contra-antigos-estereotipos. Acessado em 02/03/16

5   . Beiner, M. T. (2011). Some Thoughts on The State Of Women Lawyers and Why Title VII has Not Worked For Them. *Indiana Law Review,* 44(3), 685701.

6   . Mezrani, L. (2014). A lei está a falhar e a prejudicar as mulheres. *Lawyers Weekly.*   http://www.lawyersweekly.com.au/news/15197-Law-is-failing-and-hurting-women. Acedido em 14/12/2015

7   . Bowman, C.G. (2009). Women in the Legal Profession from the 1920s to the 1970s: What Can We Learn From Their Experience About Law and Social Change? *Cornell Law Faculty Publications,* Paper 12, pp 4.

8   . Duff, L., Webley, L. (2007). Women Solicitors as a Barometer for Problems within the Legal Profession Time to Put Values before Profits? *Journal of Law & Society*, 34(3), p-377.

9   . Jachîon S.; 2015; "Study: Women lawyers likely to take backseat in lead counsel or trial attorney roles"; *Ms. JD;* Issues: Sexism, Sexual Harassment, and Other Forms

OfDiscrimination; url: http://ms-jd.org/blog/article/study- women-lawyers-likely-to-take-backseat-in-lead-counsel-or-trial-attorn acedido em 03/04/2016

10   Makhija, S. (2016). As advogadas indianas enfrentam muitos desafios. *The Sunday Gaurdian.* http://www.sunday-guardian.com/analysis/indian- women-legal-lawyers-face-many-challenges. Acedido em 09/08/2016

11   Ruben, M. (2002) . Vencer as probabilidades: estratégias de sucesso para as mulheres no sector jurídico

Profissão. *Ruben Consulting Group* . http://www.leadershiptangles.com/hs-fs/hub/80933/file-15725394-pdf/docs/beatingtheodds.pdf. Acedido em 09/08/2016

12   .PTI. (2017). 70% das mulheres não se queixam quando são assediadas sexualmente   no   trabalho: NCW.   livemint. http://www.livemint.com/Politics/qM8rMV4FzvRfTCDdUJdjFL/70-   women-dont-complain-when-sexually-harassed-at-work-NCW.html. Acedido em 15/08/2017

13   . Charlebois, J. (2010). O género e a construção de feminilidades hegemónicas e de   oposição.   Retrieved   from https://books.google.co.in/books?id=Z_7OwKOnmysC&dq=mothering+and +legal+profession&source=gbs_navlinks_s

14   Slotnick, S. (2015). Esmagando o teto de vidro: Mulheres no Direito. *Huffpost* .https://www.huffingtonpost.com/stacy-slotnick/smashing-the-glass-ceiling-women-in-the-law b 7441448.html . Acedido em 01/09/2017

15   . Povich, L. (2012). *The Good Girls Revolt: How the Women of Newsweek Sued their Bosses and Changed the Workplace [A Revolta das Boas Raparigas: Como as Mulheres da Newsweek Processaram os seus Chefes e Mudaram o Local de Trabalho].* Retrieved   from https://books.google.co.in/books?id=oKk4DgAAQBAJ&dq=revolt+to+brea k+the+glass+ceiling&source=gbs navlinks s

16   . Brenner, H. (2014). Expandindo os caminhos para a igualdade de género na profissão jurídica. *Legal Ethics*, 17(2), 261-280.

17   The Law Society Gazette. (2000). Breaking barriers -- ahead of women lawyers' annual gathering, an assessment of the need for such a conference and the new breed of women rainmakers, the history of women in the profession, and lawyer. https://www.lawgazette.co.uk/news/breaking-   bamers-ahead-of-women-lawyers-annual-gathering-an-assessment-of-the-   need-for-such-a-conference-and-the-new-breed-of-women-rainmakers-the-   history-of-women-in-the-profession-and-lawyer/21187.article Acedido em 09/10/2017

18   Kay, Fiona M. (2007). The Social Significance of the World's First Women Lawyers [O significado social das primeiras advogadas do mundo]. *Osgoode Hall Law Journal,* 45(2), 397-424.

19   Martin S. E., Jurik N. C. (2007). Fazer justiça, fazer género: Mulheres em ocupações da justiça legal e criminal. Escola de Transformação Social (ETS)

20   Faculdade de Direito da Universidade do Michigan (1989). Relatório Quinze Anos da Turma de 1974.

http://repository.law.umich.edu/cgi/viewcontent.cgi?article=1048&context= alumni_survey_reports. Acedido em 21/10/2015

21   Padavic, I., Reskin, B.F. (1999). Sex, Race and Ethnic Inequality in United States Workplaces. Chafetz Saltzman J. *Handbook of Sociology of Gender.* Capítulo 16. Nova Iorque: Academic/Plenum Publishers

22   Hewstone, M., Crisp, R. J., et al. (2006). Tokens in the Tower: Percetual Processes and Interaction Dynamics in Academic Settings with 'Skewed', 'Tilted' and 'Balanced' Sex Ratios. *Group Processes & Intergroup Relations,* 9 (4), pp.509-532.

23   Taddese, Y. (2016). A discriminação na profissão de advogado "não está a desaparecer". *LAW* TIMES. http://www.lawtimesnews.com/201310143526/headline-news/discrimination-in-legal-profession-not-going-away. Acedido em 03/04/2016

24   . Brockman, J., Kay, M. F. (2000). Barreiras à Igualdade de Género no Estabelecimento Jurídico do Botswana: Uma análise crítica

25   Fiona, M. K., Hagan, J. (1994). Changing Opportunities for Partnership for Men

and Women Lawyers During the Transformation of the Modern Law Firm (Mudança de oportunidades de parceria para homens e mulheres advogados durante a transformação da sociedade de advogados moderna). *Osgoode Hall Law Journal,* 32(3), Artigo 1.

26   . Mueller, C., & Wallace, J. (1996). Justice and the Paradox of the Contented Female Worker (Justiça e o paradoxo da trabalhadora satisfeita). *Social Psychology Quarterly,* 59(4), 338-349.

27   Mossman, Mary Jane. (2007). The First Women Lawyers: "Piecemeal Progress and Circumscribed Success" [Progresso fragmentado e sucesso circunscrito]. *Osgoode Hall Law Journa,l* 45(2), 379-395.

28   Roth L. M. (2004). Engendering Inequality: Processes of Sex Segregation on Wall Street. *Sociological Forum*, 19(2),203-228.

29   Young, M.C. & Wallace, J.E. (2009). Family Responsibilities, Productivity, and Earnings: A Study of Gender Differences Among Canadian Lawyers. *Journal of Family and Economic Issues*, 30(3), pp 305-319

30   Glaser D. (2000). Child abuse and neglect and the brain - a review. J Child Psychol Psychiatry Nov;41(8):1076

31   Schuller, T. (2000). Capital Social e Humano: The Search for Appropriate Technomethodology. *Estudos Políticos,* 21(1), pp25-35.

32   Coleman, J. (1988). Social Capital in the Creation of Human Capital. *American Journal of Sociology*, 94, S95-S120

33   Frone, Michael R. (2003). Work-family balance. *Handbook of occupational health psychology* , (pp. 143-162). Washington, DC, EUA: American Psychological Association, xvii, 475 pp.

34   Palkovitz, R., Dutton, K., Hull J. (2001). A Resource Theory of Fathering. *RESOURCE THEORY.* https://sites.udel.edu/robp/files/2015/01/Resource- Theory-TCRM-Submission-Copy-unemjy.pdf. Acedido em 22/04/2016

35   Belkin L. (2013). Desistindo, porque é muito difícil ser advogada e mãe. *The Huffington Post.*   http ://www.huffingtonpost.in/entry/quitting-lei-balanço-vida-trabalho b 2104259. Acedido em 29/12/2015

36   . Dishman L. (2015). Estes são os maiores desafios de trabalho para as mulheres em todo o mundo. *Fast Company.*

https://www.fastcompany.com/3052181/these-are-the-biggest-work-   challenges-for-women-around-the-world. Acedido em 22/08/2017

37   Mincer, J., Polachek S. (1980). Family Investments in Human Capital: Earnings of Women. National Bureau of Economic Research, p. 76 - 110.

38   Balachandran, M., Karnick M. (2017). A longa história da Índia com o assédio sexual nos locais de trabalho. *Quartz* India. https://qz.com/931653/indias-long-history-with-sexual-harassment-at-workplaces/. Acedido em 22/08/2017

39   . D'Costa C. (2017). Prevenir o assédio sexual no local de trabalho. *livemint.* http://www.livemint.com/Opinion/KA8oTP83PZx7yFNEJAfx3L/Preventing   -workplace-sexual-harassment.html. Acedido em 15/08/2017

40   . Miller, K. (2017). The Simple Truth about the Gender Pay Gap [A verdade simples sobre as disparidades salariais entre homens e mulheres]. *Associação Americana de* Mulheres *Universitárias.* https://www.aauw.org/research/the- simple-truth-about-the-gender-pay-gap/. Acedido em 16/08/2017

41   Graves, F.G., Sethi, A. (2013). Porque é que a desigualdade salarial persiste. *CNN.* http://edition.cnn.com/2013/11/06/opinion/graves-sethi-pay-

desigualdade/index.html. Acedido em 16/08/2017

42   Bieze, L. (2000). Rejecting Patriarchy to Transform the Workplace (Rejeitar o Patriarcado para Transformar o Local de Trabalho). *Evangelical & Ecumenical Women's Caucus.* https://eewc.com/rejecting- patriarchy-transform-workplace/. Acedido em 22/08/2017

43   Jadesimi, A. (2016). Liderança feminina: O teto de vidro está rachado, não

quebrado. *Forbes*.

https://www.forbes.com/sites/amyjadesimi/2016/08/08/female-leadership- the-glass-ceiling-is-cracked-not-broken/#56a20d96698b . Acedido em 16/08/2017

44   . Beiner, M. T. (2011). Some Thoughts on The State Of Women Lawyers and Why Title VII has Not Worked For Them. *Indiana Law Review,* 44(3), 685701.

45   Black, N. (2017). O Apple Watch e as mulheres advogadas: A combinação perfeita. *Acima da Lei.* https://abovethelaw.com/2017/08/the-apple-watch- and-women-lawyers-the-perfect-

match/?rf=16AEIUzAJ#v=onepage&q=anos iniciais da prática feminina na advocacia&f=false. Acedido em 24/09/2017

46   . Brockman, J. (2001). *Gender in the Legal Profession: Fitting Or Breaking the Mould.*   Retrieved   from https://books.google.co.in/books?id=YNB14HvzcnUC&dq=initial+years+of +women+practice+in+the+legal+profession&source=gbs navlinks s

47   . Jenkins, K. (2017). O preconceito de género continua a ser frequente na profissão jurídica,   apesar   da   retórica.   *The   Gaurdian.* https://www.theguardian.com/world/2017/jun/02/gender-   bias-still-rife-in-legal-profession-despite-rhetoric-says-kate-jenkins

I want morebooks!

Buy your books fast and straightforward online - at one of world's fastest growing online book stores! Environmentally sound due to Print-on-Demand technologies.

Buy your books online at
www.morebooks.shop

Compre os seus livros mais rápido e diretamente na internet, em uma das livrarias on-line com o maior crescimento no mundo! Produção que protege o meio ambiente através das tecnologias de impressão sob demanda.

Compre os seus livros on-line em
www.morebooks.shop

Printed by Books on Demand GmbH, Norderstedt / Germany